仕事の語彙力

たった500語で、人とお金が集まってくる

People who charm others and
attract money know
the power of words

ことば探究舎［編］

青春出版社

はじめに

魅力的なキャッチコピーでお客を惹きつけるにも、巧みなセールストークで商品を売るにも、あるいは、交渉やプレゼンを成功させたり、上司や部下と円滑なコミュニケーションを保ったりするためにも、言葉を操る能力が必要です。

チラシやPOPに、百年一日の如く、手垢のついた常套句を並べているだけでは、お客を振り向かせることはできません。たとえば、次のキャッチフレーズです。

× 半額に値下げしました

× 数に限りがございます

こんな手垢のついたフレーズでは、今どき、財布のヒモをゆるめさせることはできないでしょう。では、それぞれ、次のように言い換えると、どうでしょうか？

○ 先着○○名様に限り、半額！

○ 100個限定、残り12個！

お客に与える「切迫感」が大きく変わったと思います。たとえば、「残り12個！」と大書したPOPを貼り出せば、お客に「おやっ！」と思わせることができるはず。そうして、お客の足を止めることが、売り上げにつながるのです。

また、キャッチコピーの書き方をめぐっては、たとえば、安さを訴えるときは、「値段の安いものは『値引き率』を強調し、値段の高いものは『値引き額』を強調する」という鉄則があります。そうした基本知識とコツを知っているかどうかでも、集客力や実売率は大きく変わります。

また、セールストークにしても、トップのセールススタッフと、成績が上がらない営業スタッフとでは、言葉の使い方がまったく違うものです。たとえば、

× しっかりした品物ですが、お安くはありません

〇 お安くはありませんが、しっかりした品物です

という二つのフレーズでは、お客に与える印象がまったく違ってきます。商品の「長所」と「短所」をともに述べるときは、〇のように「長所を後で言う」のが、セールストークの基本です。人には、最後に聞いた情報に影響されやすい傾向があるからです。あるいは、

× こちら、お安くなっております

◯　こちら、お手頃価格になっております

では、◯のほうがベターなフレーズです。×のように「安い」という言葉を使うと、お客は「安さにつられる客」と思われたくないため、手を伸ばすのを躊躇してしまうからです。「お手頃価格」や「ご奉仕価格」に言い換えると、そうしたマイナスをおさえられます。

その他、本書には、人とお金が自然と集まってくる言葉のノウハウを満載しました。あなたも本書で、一生役立つ「言葉の力」を身につけ、結果につなげていただければ、幸いに思います。

２０２４年2月

ことば探究舎

仕事の語彙力 たった500語で、人とお金が集まってくる◉目次

2章

売れる語彙力——なぜその言葉に人は反応してしまうのか………45

❷ このひと言が出てくるかどうかで決まります

3章 ひとつ上の語彙力――「レトリック」は武器になる…………77

❶ 巧みなレトリックは、人の心をつかみます

5章 つながる語彙力——結局、最後は信頼関係

6章 突破する語彙力——ピンチを言葉で切り抜ける

DTP■フジマックオフィス

1章

惹きつける語彙力

——言葉で心をつかむには？

本章では、まず人を惹きつける「キャッチコピー」の書き方について、ご紹介します。魅力的な言葉を短く書く力は、単にモノを売るためだけでなく、企画書のタイトルをつけるときにも、メールの表題をつけるときにも必要です。関心を寄せてもらうには、言葉をどのように操ればいいのか？——さまざまなキャッチコピーを例にとりながら、一瞬で人の心をつかむ言葉ワザを紹介していきます。

People who charm others and attract money know the power of words

1　買いたくなるのには、理由があります

頭のいい人は、「数の力」で訴える

×限定品
○30個限定、残り3個

「数字」は、人を説得する絶好の材料です。単に「限定品」や「数に限りがあります」と言っても、お客の関心を強くは引けません。ところが、たとえば「30個限定の品です。残り3個！」とPOPを貼り出せば、お客に興味を抱いてもらえるはずです。

×希少部位入荷しました

○牛1頭から3キロしか取れない希少部位、入荷しました

たとえば、牛肉の場合、おおむね1頭から3キロ以下しかとれない部位を「希少部位」と呼びます。ただし、お客の多くは、そのような話は知らないので、単に「希少部位」と言っても、それがどれほど希少な部位なのか、伝わりません。そこで、○のように数字を使って表すと、その希少性をはっきり伝えられます。

×長年の実績

○60年の実績

「伝統」を強調するときも、具体的な年数を入れると、説得力が増します。「60年の経験が生み出した老舗《しにせ》の味」など。また、「100万人に選ばれた」のように、獲得してきたお客の数で「伝統」の長さを示す方法もあります。

×保証期間は3年です
○通常、保証期間は1年ですが、当社は3年です

「保証期間は3年」と書くだけでは、お客には、それがどの程度、メリットのあることなのか、よくわかりません。そこで、○のように、数字でほかのケースと比較すると、大きなメリットがあることをはっきり伝えられます。

×すぐに結果が出る
○1週間で結果が出る

「すぐに」や「たちまち」といった形容も、数字で表したほうが、お客の耳に届きやすくなります。たとえば、「すぐに結果が出るトレーニング」は「1週間で結果が出るトレーニング」というように。

×大きな国
○日本の10倍大きい国

大小や長短も、形容詞ではなく、数字で表現したほうが、イメージを明確に伝えられます。

「人気があること」を他人に伝えるちょっとしたコツ

×高い評価
○98%の人が好評価

「人気」があることも、数字で表したほうが、説得力を増します。×の「高い」という形容詞では、どの程度好評なのか、具体的にイメージできません。一方、○のように言えば、ほぼすべての人が満足していることを伝えられます。

×リピート客続出
○リピート率97%

これも前項と同様で、「リピート客続出」と言っても、どの程度の人がリピーターになっているのか、具体的にわかりません。一方、〇のように言えば、その人気のほどをはっきり伝えられます。ほかにも、「評判がいい」や「人気がある」なども、数値化したほうが、人気のほどを明確に伝えられます。

×爆発的売れ行き

〇たちまち10万本突破

単に「爆発的売れ行き」と言うよりも、「爆発的売れ行き！　たちまち10万本突破」などと数字を入れたほうが、説得力を増します。同様に、たとえば予約が取れない状況を表現するなら、たんに「予約が取れない」と言うのではなく、「3か月予約待ち」のように数字で表すと、人気のある様子を具体的に伝えられます。

×販売促進のためのご提案

〇売り上げが30％伸びるご提案

提案書に、×のような見出しを打ったところで、読み流されるだけでしょう。〇のように数字を使うと、顧客を「おやつ」と思わせることができるかもしれません。

数字で補強すると、説得力にこれだけ差がつく

×タイムセール開催中
○タイムセール70％オフ

「安さ」は、お客を惹きつける最大級の材料。その効果を存分に発揮するには、単に「激安」などと言うのではなく、なるべく数字で表すのが得策。たとえばタイムセールを催すときは、単に×のように言うよりも、値引き率を明示すると、集客力がアップします。

×（100円の商品の場合）50円引き
○50％オフ、半額！

商品の価格帯によって、数字の使い方にはコツがあります。たとえば、値段の安い

商品は、「割引額」よりも「割引率」を強調するのが得策。たとえば、元の値段が100円の場合は、「50円引き」と言うよりも、「50%引き!」と言ったほうが、お客の心に強く響きます。一方、値段の高い商品は、割引率よりも、割引額で表したほうが得。100万円の商品は、「5割引き」と言うよりも、「50万円のお値引き」としたほうが、お客の心に響きます。

△月々のスマホ代が安くなる
○えっ、スマホにまだ○千円も払っているの?

△は、ごく普通のキャッチコピー。一方、○のように言えば、「(自分は)損をしている」という現状をお客に気づかせることができます。

「世界一」「日本一」を一番効果的に使う方法

×世界一のメーカー
○世界シェアの6割を占めるトップメーカー

「世界一」や「日本一」は、お客を惹きつけるのに効果的なセリフですが、その使い方には注意が必要。まず、数字的な裏付けがないのに、これらの言葉を使うと、不当広告になってしまいます。また、×のように、単に「世界一」と言うだけでは、売り上げか技術力か、どんなことでトップなのか、よくわかりません。○のように表してこそ、売り上げもそれを支える技術力もトップなのだろうと、イメージしやすくなります。

×世界一おいしいビールです
○世界一おいしいビールを作ろうと思いました

○は、あるビール会社のキャッチコピー。「世界一おいしいビールです」と言うと、それが客観的に証明されないと、不当広告になってしまいますが、「作ろうと思いました」という表現なら、その必要はないというわけ。

2 〝強い言葉〟は、〝手に取りたくなる言葉〟

「安さ」を訴えるワードにも、使い分けがある

□安さで勝負

「安さ」を訴える言葉にも、商品の種類や性格によって、向き不向きがあります。たとえば、「安さで勝負」という言葉が最も効くのは「定番商品」を紹介する場合。どの店舗にも並んでいる定番商品だからこそ、値段で勝負というわけです。「人気のお掃除ロボット、安さで勝負」など。

□〇〇応援価格

これは、その商品を買う「層」が限定されている場合に使う言葉。「受験生・応援価格」、「新生活・応援価格」のように。

□安心の料金

これは、いわゆる「適正料金」が一般にはあまり知られていない商品やサービスに関して使う言葉。たとえば、「葬儀一式、安心の料金で」のように、その値段がボッタクリではなく、リーズナブルな料金であることを強調したいときに使います。

□タダでプレゼント

「タダ」は、チラシやPOPに書いたときに、「無料」よりも、視覚的にアピールできる言葉。「全品、タダ！」「1か月分をタダでプレゼント！」など。

□ズバリ〇〇円

「ズバリ」は、切りのいい価格に値付けしたときに使う言葉。「ズバリ1000円」など。一方、「端数効果」を狙った値付けに対して使うこともあり、「ズバリ99円」など。

□たったの〇〇円

数物が割安であることを強調するときに効果的なセリフ。「缶ビール1ダースが、たったの〇〇円」など。

いろいろなワードで、安さとお得感を演出する

□とことん安い

「とことん安い」は、その店としては、それ以上ない安さを強調するセリフ。「全商品、とことん安い」など。「とにかく安い」も同様に使われ、「夏の衣料がとにかく安い」など。

□わけあり

近年、大きな効果を発揮してきた言葉。「わけありの〇〇、見かけは悪くても、味は間違いナシ！」など。

□〇〇処分

商品に関して「処分」と聞くと、お客は「在庫処分のための値引き→お得」と理解します。「秋物最終処分！」「商品入れ替えのため、大処分市開催！」など。「売り尽くし」も同様の効果がある言葉で、「大決算売り尽くしセール」など。

□〇〇記念

「記念」も、商品価格に関して、安さとお得感をイメージさせる言葉。「創業30年記念特価！」など。「〇〇に一度の」にも、同様の効果があり、「年に一度の大決算セール」など。

「限定ワード」で、プレミア感を強調する

□今だけ

お客の購買意欲を引き出すため、「限定」するのは有効な手法。時間、品数や顧客

層を限定することで、購買意欲を刺激できます。見出し語の「今だけ」は時間を限定し、お客を急がせる常套句。「今だけの大サービス」「今だけ30％オフの大チャンス！」など。

□終了迫る

これも、時間を限定して、お客を急がせる言葉。「夏物処分セール、終了迫る！」など。あと何日で終わりか、わかっている場合には、「8月31日まで限定、あと3日！」のように、数字で表すと、より効果的です。

□お一人様○○限り

商品の数を限定する常套句。「激安、お一人様3点限り！」「好評につき、お一人様、2個限定」など。「在庫限り」「数に限りがございます」も同様に使えるフレーズで、「在庫限り、売り切れ御免！」「数に限りがございます、お申し込みはお早めに！」のように用います。

□先着○○名様

購入できる人数を限定する言葉。「先着○○名様に限り半額！」「先着○○名様に記念品プレゼント！」など。

□○○様だけ

これは、買える「層」を限定するフレーズ。「会員様だけに、特別価格でご提供！」「本日ご来店のお客様限定」などと使います。

急がされると飛びついてしまう人間心理の仕組み

□まだ間に合います

購買意欲を刺激するため、お客を急がせるセリフの代表格。「夏の大処分市も、いよいよ最終日。まだ間に合います！」「キャンペーン延長中！　まだ間に合います」など。

□お急ぎください

ズバリ、お客を急がせるセリフ。「注文殺到中、お急ぎください」「数に限りがございます。お急ぎください」「ボーナスセール最終日、お急ぎください」など。

□早い者勝ち

出遅れると手に入れられないと、お客を焦らせる言葉。「数量に限りがあります。早い者勝ち！」「先着○名様限り、早い者勝ち！」など。

□ラストチャンス

「もう後がない」と意識させるフレーズ。「年末セール、今年のラストチャンス」、「大創業祭も最終日、ラストチャンスです！」のように使います。

優れた「品質」をひと言でアピールする

□一生モノ

その商品が、上質で丈夫であることをアピールする言葉。おおむね、定番的な高級品に関して使います。「一生モノの鞄」「一生モノの万年筆」など。

□決定版

商品の完成度の高さを強調する言葉。とりわけ、まだ定番商品になりきっていない発展途上の商品に使うと効果的。「携帯扇風機の決定版登場！」など。「完成形」も同様に使える言葉です。

□強い味方

手垢がついた表現ながら、今もキャッチコピーを書くときに、「強い味方」になる言葉。「ダイエットの強い味方、現る！」など。

□1台何役

その商品に、複数の機能があることを強調する言葉。「1台3役の○○」など。他に、「これ一台でOK」や「3つの機能を一台に凝縮」なども同様に使われるセリフです。

□一度使うと、手放せなくなる

単に「使い心地がいい」と言っても、お客はその気持ちよさを実感できません。それに比べると、「一度使うと、手放せなくなる」のような具体的な言い方のほうが、お客の実感に訴えかけられるはず。

□マストアイテム

カタカナ語を使うと、よりキャッチーになる場合もあります。たとえば、「夏に必須の」と言うよりも、「夏のマストアイテム」と言ったほうが、(今のところは)お客の心に響くはず。

□プレミアム

「プレミアム」は、英語では「保険金」や「おまけ」という意味ですが、日本ではなぜか「高級」や「高級感」という意味で使われてきた言葉。今も訴求力の強い言葉で、「会員様だけのプレミアム・サービス」や「プレミアム・ディナー」など、さまざまに使われています。

□クオリティ

「高品質」というと硬い感じになるため、「クオリティ」がよく使われています。「納得のクオリティ」「確かなクオリティ」のように。

□ワンランク上

通常よりも、少しだけ上質であることをアピールする言葉。「ワンランク上の暮らし」「ワンランク上のマンション」など。

「素材のよさ」をひと言でアピールする

□吟味した

「吟味した」は素材のよさを強調する言葉の代表格。「吟味した素材を丁寧に調理」

など。ほかに、「厳選」「選び抜いた」「選りすぐりの」も、素材のよさをアピールするときによく使われる言葉で、「厳選した素材を使用」「選りすぐりの高級食材」などと用います。

□惜しげもなく使った

上質の素材をたっぷり使っていることをアピールする語。「旬のクロアワビを惜しげもなく使った○○」のように。

□良さを生かした

これも素材のよさを訴える言葉。「素材本来の良さを生かした手作りの○○」など。

「みんなが欲しがっていること」をひと言でアピールする

□売れすぎて困っています

「売れてます」は、人気商品であることを端的に表す言葉。「この商品、売れてます！」「大ヒット中、一番売れてます！」などと、よく見かけます。それをさらに強調したのが、「売れすぎて困っています」。

□店長のイチオシ

ただ「当店のおすすめです」とするより、「当店人気ナンバー1」や「店長のイチオシ」など、「一番」であることを強調したほうが、お客に対する引きはより強くなります。

□○○の間でひっぱりだこ

ポイントは、「○○の間で」というフレーズ。ただ「ひっぱりだこ」と言うのとは違い、「○○の間で」をつけることで、特定の層に人気があることを表します。誰に人気なのか具体的にイメージできるので、自分も手にとりたくなるのです。「JKの間でひっぱりだこ」「プロの間でひっぱりだこ」など。「○○の間で大流行」も同様に使えるフレーズで、「セレブの間で大流行」など。

「新しいこと」をひと言でアピールする

□ブレイク寸前

「今が旬の○○」という言い方がありますが、これは、いま人気であることを表す言葉。ただ、人には、他の人よりも「半歩ほど、先を行きたい」気持ちがあるもの。そこで、「ブレイク寸前」という流行を先取りする言葉が効果を発揮します。「ブームの兆し」も同様に使える言葉。

□○○の未来形

斬新なニュータイプであることを表す言葉。「電気自動車の未来形」など。

□新時代の

これも、斬新さを訴えたいときに使う言葉。「新時代のメガネ」「新時代のテレビ」など。「画期的な」「革命的な」「新発想の」「次世代の」も、同様に使われるセリフ。

□初上陸

国内初登場の商品に関して使う言葉。「NYで人気の○○、いよいよ日本初上陸」など。国内のある地域に初めて登場する場合は、「上陸」ではないので、「新登場」や「初お目見え」を使います。

希少性でお客さんを惹きつけるワード

□唯一の

「唯一」という希少性がお客の関心を惹きつけます。「国内で唯一の」や「世界で唯一の」など。ただし、本当に「唯一」でないと、不当表示になります。

□一点物

手作り品の希少性をアピールする言葉。「手作りのネックレス」と言うよりも、「一点物のネックレス」と表したほうが、インパクトが強くなるもの。

□幻の○○

ほとんど見かけないほど、貴重な、レアな、という意味。ほかに「特製」や「特選」、カタカナ語では「スペシャル」や「オリジナル」などもよく使われます。

□他ではお求めになれない

買える場所を限定することで、希少性をアピールする言葉。「ここでしか手に入らない」も同様に使います。

イベント告知でワクワクさせる言葉選びとは？

□○○市《いち》開催！

「市」は、庶民性を感じさせることから、おもに値段の安さをアピールするときに使います。「大処分市」「大破格市」のように。

□○○祭

「祭」は、にぎやかな雰囲気を強調したいときに使う言葉。「大創業祭」「秋の大収穫祭」「年に一度の大放出祭」など。

□○○フェア

英語のｆａｉｒは、「見本市」や「定期市」という意味。日本では、ほぼ「セール」と同様の意味で使われています。「ブライダル・フェア」など。

あえて、ピンポイントで訴える

□○○でお悩みの方に

商品によっては、購買層を特定して訴えると効果的な場合があります。見出しのフレーズは、体関係の商品でよく使われる言葉。「肩こりでお悩みの方に！」「薄毛でお悩みの方に」のように。

□○○の方、必見！

特定の客層に対して、その広告の重要性を訴えるフレーズ。「リフォームをお考えの方、必見！」「釣り好きの方、必見！」など。

□○○にうれしい

特定の客層に対して、メリットになることを訴えるフレーズ。「学生さんにうれしいこの価格！」「中高年にうれしい新型保険」など。

□○○のあなたに

「あなた」という二人称で、対象を限定するワード。「お悩みのあなたに」「働くあなたのために」「もっと○○したいあなたに」「そんな、あなたにおすすめします」などと使います。

□○○歳の

年齢層を特定するフレーズ。たとえば、「高齢者の壁」と言うよりも、「80歳の壁」

としたほうが、特定の年齢層に対して強く響きます。

「大」をつけるだけで、なぜか勢いが出る

□大放出

お得感とともに、品ぞろえが豊富であることを表す言葉。「本日限りの大放出」「在庫大放出祭」など。

□大容量

割安であり、コストパフォーマンスがいいことをアピールする言葉。「大増量」も同様に使え、「お値段据え置きで、大増量中！」など。

□大還元

「利益を還元する」という理由付けで、安さを訴える言葉。「特別大還元セール」「日頃のご愛顧に感謝し、大還元の3日間」など。

□大感謝祭

これも、お客に「利益を還元する」ことを表す言葉。「お得意様大感謝祭！」など。

□大好評

人気ぶりを強調して、お客の興味を惹きつける言葉。「大好評につき」「発売以来、大好評の〇〇」「塩分を控えたい方に大好評！」など。「大人気」も同様に使え、「ハリウッドで大人気の〇〇」など。

□〇〇大歓迎

特定のタイプのお客に対して呼びかける言葉。「初心者大歓迎！」「お一人様大歓迎」など。

2章

売れる語彙力
——なぜその言葉に人は反応してしまうのか

「どうも営業成績が上がらない」と、悩んでいる方は少なくないでしょうが、売れるセールストークと売れないセールストークの違いは、ほんの紙一重。ただ、その「紙一枚」の違いを知っているかどうかで、営業成績は大きく変わってきます。この章では、「お客への声がけがうまくいかない」、「商品を魅力的に説明できない」、「最後の一押しが苦手」という営業スタッフのため、言葉をほんの少し変えて「稼げる言葉」にする方法を紹介していきましょう。

People who charm others and
attract money know
the power of words

1　結果を出す人のセールストークの極意

店頭トークのうまい言い方、残念な言い方

×こちら、お安くなっております
○こちら、お手頃価格になっております

×のように「安い」と言うと、お客は「安さにつられる客」と思われたくないため、手を伸ばすのを躊躇します。「お手頃価格」や「ご奉仕価格」に言い換えると、そうしたマイナスをおさえられます。

×買いやすい値段

○お求めになりやすい値段

「買いやすい値段」も、お客の反応がよくない言葉。前項と同じように、お客は「安さ」に反応することをためらうからです。また、敬語になっていないため、お客にとっては、どこか違和感のある言葉に聞こえます。○のように、「お求めになりやすい値段」と言えば、多少の敬意を含ませることができます。

×この商品は丈夫ですが、重いです
○この商品は重いですが、丈夫です

「長所」と「短所」を並べて述べるときは、長所を後で言うのが、セールストークの基本。人には、最後に聞いた情報に影響されやすい傾向があります。

×温かいと思います
○温かいです

お客の質問に対して、「…と思います」と答えるのはNG。自信なげに聞こえ、お客の購買意欲をダウンさせてしまいます。たとえば、温かさが〝売り〟のアパレル商品の場合は、セーターでも手袋でも耳当てでも、自信があれば、堂々と○のように言い切るのが正解。

×たぶん、そちらがお似合いだと思います
○そちらがお似合いです

これも、言い切ったほうがいい例。「たぶん、そちらがお似合いだと思います」では頼りなく聞こえ、「そちらがお似合いです」のように言い切ったほうが説得力はアップします。「たぶん」や「おそらく」も、自信なげに聞こえるため、セールストークでは使わないほうがいい言葉です。

カーセールスのテクニックを応用しよう

×この車、おすすめですよ
○試乗だけでも、されませんか？

カーセールスの場合、試乗しないお客よりも、試乗したお客のほうが、購入率は格段に高くなります。アパレル関係でも、試着してもらえば、購入率はぐんと上がります。「どうぞ、試乗なさってください」「今、試着室、空いてますので」と、積極的に試乗、試着をすすめるのが得策。

×この車の馬力は…
○この車は坂道にも強いので、アウトドアにもってこいですよ

○のフレーズは、相手のニーズに合わせたメリットを語るフレーズ。たとえば、お客の趣味がアウトドアであるとわかっているときは、そのニーズに沿って話すといいでしょう。

×性能には自信があります
○これがあると、○○のときに便利ですよ

多くのお客は、商品の性能自体ではなく、その性能によって「自分にどのようなメリットがあるか」に関心を抱きます。そのため、商品説明では、「機能」よりも「利用方法」を話すのが得策です。たとえば、「これがあると、ご家族で出かけるとき、便利ですよ」のように、お客が利用シーンをイメージできるように語りたいものです。

お客さんには、どう声をかけるのが正解？

×〇〇をお探しですか
〇たくさんあって悩みますよね

たとえば、家具店で食卓用のテーブルをみているお客に、「食卓用のテーブルをお探しですか？」と声をかけるのはNG。お客は「はい」と答えると、そのあと、店員につきまとわれそうに感じて、警戒モードにはいってしまいます。一方、「たくさんあって悩みますよね」のように話しかけ、「いつでも、お声をかけてください」と続ければ、お客に無用のプレッシャーをかけることなく、「第一接近」を試みることができます。

×どうぞ、ご覧ください

○完売していた○○が再入荷しました

入店を誘うとき、「どうぞ、ご覧ください」のようなお定まりの言葉をかけても、お客を店内に引き込むことはできません。「完売していましたが、先週再入荷しました」のように、お客が「おやっ！」と思うような情報をまじえながら声をかけると、お客の関心を誘うことができます。

×ショルダーバッグをお探しですか

○それ、軽くて、肩が痛くなりませんよ

ショルダーバッグをみているお客に、×のように声をかけても、意味はありません。○のように、商品情報を加えながら声をかけることで、お客の購買意欲を刺激できます。

×どんな色がお好みですか？
○派手な色と落ちついた色、どちらがお好みですか？

×のように聞くと、お客は、すぐには答えが思い浮かばず、口ごもることになってしまいます。一方、○のような二択の質問には、答えやすいもの。お客が答えてくれれば、提案する商品を絞りやすくなります。

「在庫」をめぐるスマートな言い換えのコツ

×おサイズ、ございますよ
○いろいろなサイズがございます

太った人に対して、×のように声をかけるのはタブー。「太っているあなたにも、合うサイズがありますよ」と言うのと、同様のことになるからです。○のように言えば、相手の体格を云々《うんぬん》するニュアンスを弱められます。

×店頭に出ているだけです

○他店の在庫をお探ししましょうか？

お客に、サイズ違いや色違いの在庫状況を聞かれ、在庫がなかったとします。そんな場合、×のように答えると、素っ気なく聞こえてしまいます。一方、「あいにく、当店では店頭に出ているだけですが」と答えたあと、○のように続ければ、冷たい印象を与えません。むろん、お客が「お願いします」と答えれば、販売チャンスを広げられます。

×ご用意は、それしかないので

○あいにく、そちらしかないのですが、似ているアイテムならございます

これも、お客から在庫状況をたずねられ、在庫がないときの答え方。×のように答えると、販売のチャンスを失ってしまいます。一方、○のように言えば、他の商品の紹介につなげることができます。

「飛び込み営業」にぴったりのフレーズを持っていますか

×お邪魔いたします
○お客様でなくて、申し訳ありません

○は、客商売の店に、飛び込み営業をかけたときの定番フレーズ。まずは、この言葉をかけてから、名刺を差し出したい。

×○○という商品について、ご説明したいのですが
○1分間だけ、お時間をいただけますか

「小さなお願い」から「大きなお願い」へ広げるのが、セールストークの基本。「1分間だけ」という最小単位の時間を示すと、「じゃあ、1分間だけ」と応じてくれる確率が上がります。

×お忙しいところ、すみません

○△△を必要とされている方に、商品をご案内させていただいています

×のように言いながら、飛び込み営業をかけても、即座に断られるのがオチ。○のように言って、相手に、当方の話を聞くメリットを一刻も早く示すことが大事。

×社長はいらっしゃいますか

○こちらを社長にお渡しください

×のように言っても、社長は出てきません。社長と会うには、手順が必要であり、まずは、○のように言って、そのきっかけをつくることが必要です。

×少しでもいいので、話を聞いてください

○今、○○の件で回ってるのですが

多少、裏ワザ的ですが、○のように言うと、相手はすぐにはセールスとはわからないので、確認のためにも、こちらの話を一応は聞こうとするもの。「○○についてお伺いしたいのですが」や「○○について、興味がある方を探しているのですが」も、同様に瞬間的にはセールスと気づかれずに話をはじめられるセリフ。

×何かありましたら、ご連絡ください
○○○の品ぞろえには、自信があるので、その際にはご連絡ください

飛び込んだ先の職種くらいはわかっているでしょうから、相手のニーズに合わせて、○のように言っておくと、連絡の確率が上がるはず。

商談は言葉選びに失敗しなければうまくいく

×今日はいい天気ですね
○このあたりの桜並木はきれいですね

「天気」や「季節の話」は、雑談のなかでも、最も陳腐な話題。腕のいいセールスマンは、そうした話からは入りません。○のように、その地域や相手にからめた話題を選んで、雑談のきっかけをつくるもの。

×ご購入される予定はありますか？
○ご使用いただいたことはありますか？

×のように、「先」のことを聞いても、お客はなかなか答えられません。一方、○のような「過去」のことを問う質問には答えやすいもの。セールスでは、答えやすい質問をすることが鉄則です。

×そうですか。それは残念です
○よかった！　「お持ち」ということはご興味があるのですね

売り込もうとした商品を相手がすでに持っていて、「間に合っている」といわれたときの返し。「すでに持っている」ということは、そのお客に必要であることの証拠ととらえて、さらにセールストークを展開する応答です。

×それでは、ご説明させていただきたいと思います

○では、ご説明します

セールストークは、丁寧であればいい、というものではありません。「させていただきたい」や「思います」を重ねて使うと、言葉が冗長になり、聞く人をイライラさせます。シンプルに話したほうが、トークにリズムが生まれます。

×最新の製造機械です

○この機械を導入すれば、年間○百万円の人件費が節約でき、3年で元がとれます

「元がとれる」というのは、大きな購入動機になります。たとえば、新しい生産機械や警備システムなどのセールスでは、人件費を減らせることから、「○年で元がとれる」という言い方が決めゼリフになります。

×そうですか、○○が問題ですか

○もし○○が解決できたら、問題はないわけですね

○○には、おおむね「価格」や「納期」が入ります。こう告げて、その的確な解決法を提示すれば、商談が一歩前に進むはずです。

×その話は、前回伺いました
○先日は○○とおっしゃっていましたが、その後、いかがですか？

セールストークに限らず、「その話、前に聞いたよ」という言い方は失礼。相手の話の腰を折ってしまいます。○のように言えば、相手を不快にすることなく、その話の「続き」を聞き出すことができます。

×どなたか、紹介していただけませんか
○次回は、仲のよい同期の方も、ご一緒にいかがですか

たとえば、×のように、顧客候補の紹介を頼んでも、紹介してもらえる確率は低いでしょう。一方、○のように、具体的に頼んだり、誘ったりすると、紹介確率はぐんと上がります。うまくいけば、「そういえば、同期の○○が…」と、その場で情報を引き出せるかもしれません。

お客さんに、その言い方はNGです

×おわかりになりましたか?

○ご理解いただけましたでしょうか?

セールストークには、「これを言ったら売れる」という言葉はありませんが、「これを言ったら売れない」という言葉はあります。×はその代表格で、お客の理解能力を問う失礼な言葉づかい。「今の説明で、おわかりになりましたか?」は「今の説明で、ご理解いただけましたでしょうか」と言い換えたいもの。

×ここまで、わからないことはございますか?

○ここまで、不明な点はございますか?

これも「わかる」という動詞を避けるための言い換え。「ここまで、うまく伝わりましたでしょうか」という言い方もあります。

×以上で、よろしかったでしょうか
○以上で、よろしいでしょうか

お客が注文したことを復唱するとき、「よろしかった」と過去形にするのは変。たった今のことなら、現在形でたずね返したほうが自然に聞こえます。

×ご質問は？
○ご質問はございませんか？

お客や取引先に対して、「ご質問は？」と問うのは、ぶっきらぼうすぎる聞き方。「ご質問はございませんか？」が、お客に対する適切な敬語です。

×お一人でできますか？
○お手伝いしましょうか？

×は、親切なようでいて、相手を一人前扱いしていないたずね方。協力を申し出るときには、「お手伝いしましょうか」とたずねるのが適切。

確実にムッとされるタブー語を言い換える

×少々専門的になりますが
○少々くどくなり恐縮ですが

×のように言うと、言外に、相手のことを素人扱いすることになってしまいます。○のように、「くどくなり」といえば、そうしたニュアンスを消すことができます。「長くなって恐縮ですが」も同様に使えるセリフ。

×わかりやすく言うと
○シンプルに言いますと

前にも述べたように、「わかる」や「わかりやすい」は、相手の理解力を問う意味合いを含みます。「シンプルに言いますと」のように言い換えれば、そうしたニュアンスは生じません。

×そちらの記憶違いかと
○最近、いささか記憶力が怪しくなってきたのですが

相手が前言を翻したとき、×のように指摘すると角が立ちます。まずは○のようなクッション言葉を置き、そのうえで「前のお話と違うのではないでしょうか」と指摘したいもの。

×それ、違っていると思いますが
○念のため、ご確認いただけますでしょうか

相手が間違ったことを言い出しても、「違う」と指摘すると、相手の面子をつぶすことになってしまいます。○のように言えば、相手にムッとさせることなく、気づかせることができます。

×（操作などが）おできにならないのなら

○難しいようなら

×のように言うと、相手の能力を見くびることになってしまいます。せめて、○のように言いたいところ。

相手のミスを指摘するなら、覚えておきたい言い方

×ですから、先ほど申し上げたように

○こちらの説明不足で、申し訳ございません

お客が、こちらの話をよく理解していない場合でも、×や「だから、前にご説明したように」などは禁句。相手はお客。頭を下げながら、理解を求めたいもの。

×お話ししたと思いますが

○私の言い方があいまいで申し訳ありません

これも、前項と同様、×のように言うと、お客に「罪」を押しつけ、ムッとさせ

ることになってしまいます。相手が「そんな話聞いてないぞ」と言い出したときでも、×のように言うと、水掛け論になってしまいます。

×書いてあると思いますが
○わかりづらい書き方をして、すみません

たとえば、相手がメールの内容を読み間違えているときでも、×のように言うと、相手の読解力の低さを責めることになってしまいます。

×何かおかしな操作をされませんでしたか
○どのような状況かお聞かせ願えますか

商品に不良があったというクレーム電話を受けたとき、×のように応じるのは、お客に非があると非難しているようなもの。たとえ、誤操作の確率が高いと思っても、そのことは指摘せず、まずは状況をよく聞き、その後、対処法を説明したいもの。

2 このひと言が出てくるかどうかで決まります

売れるトークは、ポイントになるフレーズが違う

□どうぞ、お手にとって、ご覧になってください

お客に商品をすすめるときの定番ながら効果的なフレーズ。触らせることで、お客の購買意欲を引き出すことができます。アパレル業界で使われる「よろしければ、ご試着ができますので」や「よろしければ、お鏡がございますので」も、手にとらせ、身につけさせるための言葉です。

□お安くはありませんが、しっかりした品物です

お客が「値段が高い」と口にしたり、言外にそういう雰囲気を表したときに有効なセリフ。「確かに、お安くはありませんが、最高級の品です。お買い得だと思いますよ」のように使います。

□本日お買い上げいただければ、○○をプレゼントいたします

購入を迷うお客に、最後のダメ押しをするフレーズ。たとえば、スーツを試着したお客が購入を迷っているとき、「お似合いだと思います。本日お買い上げいただければ、ネクタイを一本、プレゼントいたします」のように、「おまけ」を持ち出すと、「じゃあ、コレに決めるかな」となりやすいもの。最初から、「ネクタイ一本サービス」と伝えるのではなく、購入の決断を迫る場面で使ったほうがより効果的です。

□じつは最後の一点だったんです

「最後の一点です」は、人気ぶりを表すため、セールストークでよく使われるフレーズ。一方、見出しのフレーズは、お客の購入後に使う言葉。お客が買ったあと、こう言えば、お客は、自分が人気商品を運よくゲットできたことに満足するはず。

□父の日のプレゼントラッピングを承っています

「記念日」を思い起こさせて、購買動機につなげるセリフ。「そうか、もうすぐ父の日か。ラッピングしてくれるなら、久しぶりにネクタイでもプレゼントしようかな」というように思わせることができるフレーズ。

□○○が半額になる話です

お客を話に引き込むときに、効果的なフレーズ。「半額になる」と聞いて、興味を覚えない人はまずいません。「月々のスマホ代が半額になる話です」「月々の保険料が半額になる話です」など。

□改良されて、さらに長持ちするようになったのですが、ご興味はありませんか?

お客に新商品をすすめる際には、お客にどのようなメリットをもたらすかについて語ると、お客の興味を引くことができます。

お客さんとの距離を詰める語彙力を持っていますか

□最後に、一つだけご案内させてください

伝えなければならないことが残っているときに使うセリフ。なお、最後の情報は印象に残るもので、その効果を社会心理学では「終末効果」と呼びます。

□いかようにでも、対処いたします

お客に、購入を迫るセールストーク。たとえば、買い気を見せているお客から、「ここの仕様、少し変えることも可能ですか?」と問われたとき、「おっしゃっていただければ、いかようにでも対処いたします」と答えれば、ダメ押しになります。

□ぜひ、一緒にやりましょう

交渉をまとめるときなど、「契約しませんか?」ではなく、「ぜひ、一緒にやりましょう」のほうが、相手の仲間意識を刺激することができます。

《特集》できる大人の「仕事の語彙力」

◉「売る力」は語彙力で磨かれる

×バーゲン品→○お値打ち品

「お値打ち品」は、価値が高いわりに、割安に買える品という意味。「値下げ品」や「見切り品」も、同じように言い換えることができます。「こちら、お値打ち品になっております」など。

×売る→○お譲りする

「お譲りする」は「売る」の謙譲語で、「お売りする」よりも「お譲りする」のほうが、こなれた敬語に聞こえます。「ご希望の方に、お譲りします」など。

×必要→○ご入り用

「ご入り用」は、接客用語として「必要」という意味で、よく使われる言葉。「ご入り用の際は…」など。

×お釣り→○お返し

「お返し」は、もとはお祝い金の半返しなど、返礼として贈り返すこと。それが「お釣り」を丁寧に表す言葉としても使われています。「３００円のお返しです」など。

×荷物→○お手回り品

「手回り品」は、もとは身の回りに置いて使う品のことで、今は「携帯品」を丁寧に表す言葉。「お手回り品には、お気をつけください」など。

×修理→○お直し

「お直し」は、おもにアパレル関係の接客用語。衣服のサイズを合わせるときによく使い、「裾丈《すそたけ》、お直しいたしましょうか？」など。

×お客→○お得意様

「お客様」よりも「お得意様」と言ったほうが、相手を尊重する気持ちを強く表せます。「長年のお得意様でございます」など。

×手紙→○封書

プライベートでは「手紙」でＯＫですが、ビジネスでは「封書」と表現したいもの。「封書にて、ご送付ください」など。

×取っておく→○お取りおきする

お客の注文に応じて、商品を取っておくときに使う言葉。「ご注文の品、お取りおきしておきました」など。

×同伴者→○お連れ様

「お連れ様」は、相手の同伴者を敬って言う言葉。「お連れ様は何名様ですか」など。

◉「お金」をめぐる言い換え

×金繰り→○資金繰り

「金繰り」は生々しい言葉なので、「資金

繰り」に言い換えるのが適当。「どうやら、資金繰りがつかないようです」など。

×借金↓○借財

「借金」は、「借財」に言い換えると、生々しさを消せます。「借財がおありなようで」など。

×足代↓○車代、交通費

「足代」は品のいい言葉ではないので、人に交通費を渡すときは「お車代」、自分の足代は「交通費」と言い換えるのが適当。「些少ですが、お車代です」など。

×チップ↓○心付け

「チップ」よりも、「心付け」と言うほうが、感謝の気持ちがこもった言葉に聞こえるもの。「仲居さんに、心付けを渡してください」など。

×自腹↓○ポケットマネー

「自腹を切る」は、切腹に由来するので、なるべく避けたい言葉。ご馳走になったときは、「課長がポケットマネーで払ってくれたようですよ」など、「ポケットマネー」に言い換えるのが適切。

×お金がない↓○手元不如意

「手元不如意」は、お金がないさまを表す言葉。「あいにく、手元不如意なもので」など。

×金持ち↓○資産家

「金持ち」は、多少の侮蔑ややっかみを含む言葉。「資産家」に言い換えると、そうしたマイナスのニュアンスは消えます。「かなりの資産家と聞いています」など。

◉できる大人の上品な言い換え

×○○氏の担当→○ ○○氏預かり

担当者や責任者を表すとき、「○○氏預かり」と言うと、「○○氏担当」と言うよりも、○○氏を重んじているように響くもの。「それは部長預かりの案件です」など。

×妥協→○歩み寄り

「妥協」と言うと、「不本意ながら」という意味合いを含みますが、「歩み寄り」と言えば、ネガティブさが消え、協調するというニュアンスになります。「ここは、お互い、歩み寄りが必要な場面ではないでしょうか」など。

×指導→○お引回し

「お引回し」は、指導や世話をしてもらう相手を敬っていう言葉。「よろしくお引回しのほど、お願い申し上げます」など。

×案→○叩き台

「叩き台」は、検討して改良するための素案。「叩き台」と言うと、「私の案」や「私案」と言うよりも、謙譲の気持ちを表せます。一方、人の案をそう言うのは失礼。「この案を叩き台にしていただければと思います」など。

×コネ→○つて

「コネ」と言うと、マイナスのニュアンスを含みますが、「つて」や「よしみ」に言い換えると、そうしたニュアンスは消えます。「つてをたどってお願いする」など。

×処理→○取り計らい

「取り計らい」は、物事をスムーズに運ぶための措置。「よろしくお取り計らいのほど…」、「穏便にお取り計らいのほど…」など。

×仲裁→○おとりなし

「おとりなし」は、対立する二者の間に立って、うまく折り合いをつけること。「おとりなし願えれば幸いです」など。

×迷惑→○差し障《さわ》り

「差し障り」は、具合の悪い事情、差し支え、迷惑のこと。「差し障りがあって、今回は伺えません」など。

×お忙しいところ→○お取り込み中

「お取り込み中」は、相手の忙しさを表す言葉。「お忙しいところ」と言うよりも、「お取り込み中」と言ったほうが、こなれた表現に聞こえます。「お取り込み中、申し訳ありませんが」など。

◉さりげなく大人っぽい言い換え

×野暮用→○はずせない用

「はずせない用」は、欠席できない用事。親しい間柄なら「野暮用」でもOKですが、目上には「はずせない用」を使うのが大人の言葉遣い。「その日は、はずせない用がありまして」など。

×もらう→○拝受する

「拝受する」は、もらう、受けることの謙譲語。「メール、拝受いたしました」は、メール時代になってからの定番表現。

×口出し→○口添え

「口添え」は、脇から言葉を添えること。「お口添えいただければ幸いと存じます」など。

×知らない↓○不案内

「不案内」は、様子や勝手をよく知らないこと。「その分野は、いたって不案内なもので」など。

×とんでもない↓○以ての外

「以ての外」は、ひじょうにけしからぬこと。「ひどい」「とんでもない」「信じられない」などは、「以ての外」に言い換えられます。「まったくもって、以ての外の話です」など。

×裏のある↓○含みのある

この「含み」は、言外の意味や意図を表す言葉。「裏のある」よりも、大人度の高い〝含みのある〟表現になります。「含みのある言い方」など。

×…する傾向がある↓○…する嫌いがある

この「嫌い」は、懸念や好ましくない傾向という意味で、批判や悪口を婉曲化できる表現。「独断専行の嫌いがある」など。

×トラブル↓○ご難

「ご難」は、相手が受けた災難や難儀を丁寧に言う言葉。「ご難なことでしたね」など。

×文句をつける↓○もの言いをつける

「もの言いをつける」は、異議をはさむこと。「人の案にもの言いをつける」など。

3章

ひとつ上の語彙力

――「レトリック」は武器になる

「レトリック」は、人の興味を惹きつけるための言葉のテクニック。「対句」、「比喩」、「誇張」など、さまざまなレトリックが、キャッチコピーやタイトル、見出しなどに使われています。この章では、言葉をより魅力的にするレトリックの技術について、お話ししていきます。

People who charm others and attract money know the power of words

1 巧みなレトリックは、人の心をつかみます

人を惹きつける「対句」傑作集

□大きなことも小さくはじまる

まずは「対句表現」です。これは、言葉の組み合わせの妙で、リズムと面白さを生み出す言葉の技術。文章の書き出しや締めにうまく使うと、大きな効果を発揮します。見出し語にしたのは、アマゾンの創業者ジェフ・ベゾスの言葉。「大きな」と「小さく」という対称的な形容を使って、対句の妙を生み出しています。なお、アマゾン創業期の仕事場は、彼の自宅の車庫で、彼が自ら箱詰めをしていたそう。

□楽観主義者がエンジンを開発し、悲観主義者がブレーキを開発する

対句をつくるテクニックのひとつが、「対義語を使う」という方法。見出し語は、「楽観主義者」「悲観主義者」という対義語を用いて、その違いを言い表しています。

□領土は最大、モラルは最小の国

これも、対義語を使って、対句をつくるパターン。ほかに、「人口は最大、モラルは最小の国」など。ともに、どこの国とは言いませんが。

□女性の問題は、女性だけの問題ではない

「○○であっても、△△ではない」は、対句をつくる基本パターンのひとつ。「知性はあっても、品性はない」「専門知はあっても、世間知はない」のように。

□イギリスに料理はない。あるのは食べ物だけ

前項とは逆の、「○○はない。あるのは△△だけ」も、対句の基本パターン。見出しのフレーズは、イギリス料理のまずさを嘆く名探偵ポワロのセリフ。このパターンは、「○○はいない。いるのは△△だけ」と、人（人材）の乏しさを嘆く場合にもよく使われます。「衰退企業に経営者はいない。いるのは社長だけ」のように。

□がんばる人の、がんばらない時間

コーヒー・ショップのドトールのキャッチコピー。「あなたの職場の近くにもあるはずなので、仕事の合間の息抜きにどうぞ」という提案を、この短い対句法の表現で表しています。

□三菱は政商、伊藤忠は行商からはじまった

これは、似た言葉を使って対句をつくるパターン。「政商」「行商」という音や字面の似た言葉を並べて、リズムと面白さを生み出しています。

逆説風レトリックの効果的な使い方

□速読は時間がもったいない

「逆説」は、一見、非常識なことを言っているようですが、よく考えると、真理を突いていると感じさせる表現。見出し語はその典型的パターンで、通常、速読すると時間を節約することになるはずですが、「速読は時間がもったいない」と言い切ってしまうことで、人に「おやっ」と思わせる表現。確かに、そう言われると、速読して理解が浅いと、身につかないため、結局、時間を無駄にしているような気がしてくるもの。

□スパイは汚い仕事。だから、紳士にしかできない

大英帝国時代のイギリスでよく使われた言葉。実際、MI5やMI6などのイギリス諜報部は、名門校のオックスフォード大やケンブリッジ大の卒業生を中心に採用していました。

□選挙に出るような人に投票したくない

確かに、選挙に出たがるような人には、「この人にだけは投票したくない」と思わせる人がいるもの。

イメージを言葉に落としこむ「三段重ね」の技法

□自由・平等・博愛

言葉の「三段重ね」は、キャッチフレーズや標語をつくるときに、よく使われるテクニック。見出し語は、ご存じ、フランス革命のスローガンです。

□数字・ファクト・ロジック

論理的に考えたり、人を説得したりするときに、必要な要素を3つ並べた言葉。「お客様を説得するには、数字・ファクト・ロジックの3つが欠かせません」などと使われます。

□金なし、技術なし、活気なし

「なし」の三段重ねで、経営不振の企業を形容した言葉。かつて、こう評された企業は、結局、他企業に吸収合併されることになりました。

□テレビで負け、パソコンで負け、半導体で負けた

残念ながら、現在の日本企業の劣化した技術力、商品力、商品展開力を表す印象的な言葉。

□三低

3つの言葉を「一語」にまとめる方法もあります。この語は、女性が男性に求める条件（低姿勢、低依存、低リスク）を「三低」というひと言で表しています。かつての「三高」（高学歴、高収入、高身長）のパロディともいえます。

□3Y社会

「3＋ローマ字」のパターンでは、「3K」（キツイ、キタナイ、キケン）が最も有名。見出しにした「3Y社会」の3Yとは「欲なし、夢なし、やる気なし」。昨今の「低欲社会」をひと言で表した言葉。

慣用句、常套句はあえてずらして使ってみよう

□谷あり谷ありの1年

慣用句やことわざ、名言など、有名な定型句の表現を少し変えるのは、レトリックの有効な手法。「谷あり谷あり」は、「山あり谷あり」のパロディ。ひどい1年だったことを表しています。

□人の噂は七十五時間

「人の噂も七十五日」の「日」を「時間」に変えることで、現代の情報の移り変わりの速さを表しています。

□国会は「特権」の最高機関

「国会は国権の最高機関」という日本国憲法にある言葉を変えた言葉。国会議員がさまざまな特権を持つことへの皮肉です。

□空気と水と電波はタダだと思っている

よく使われる「空気と水はタダ」という言葉を変化させた表現。それに「電波」を加えることで、印象的な表現をつくれます。

□攻撃は最大の暴挙

原形は、ご承知のように「攻撃は最大の防御」。それに変化をつけたフレーズ。

□「敵の敵は味方」とは限らない

「敵の敵は味方」という古くからある言葉の力を借りた新しい「名言」風の言葉。

□一信九疑

「半信半疑」のもじり。半分どころか一割ほどしか信じられない眉唾話という意味です。

□**定額働かせ放題**

「定額見放題」や「定額乗り放題」のパロディ。教師の残業代が、残業時間の長さにかかわらず、一律で決まっていることを表すときによく使われる言葉。

□**総論賛成、あとは棚上げ**

「総論賛成、各論反対」をもじった言葉。

侮ってはいけないダジャレの効用

□**風呂デューサー**

「親父ギャグ」とバカにされながらも、ダジャレはうまくハマると、インパクトの強い言葉をつくれる手法。見出し語にしたのは、銭湯や風呂場などの演出プロデューサーのこと。むろん、「風呂」と「プロデューサー」をかけた言葉です。

□**セイユウニトリアエズイケヤ！**（西友にとりあえず行けや！）

西友のキャッチコピー。この短いフレーズのなかに、ライバル店のニトリとイケアの名が入っていると一時話題になりました。

□辛亥《しんがい》革命は心外革命

中国の辛亥革命が、孫文らの目指した方向とは別方向に進展したことを、言葉遊びで表した言葉。

□役者が厄落しをすると、役がつかなくなる

「厄落し」を「役を落とす」ことにかけた言葉。芸能界では、「大役は大厄をもたらすことがある」ともいわれます。

□ガスプーチン

ラスプーチンはロシア革命前、ロシア王室に多大な影響力をおよぼした怪僧。その名とプーチン大統領の名を組み合わせ、豊富な天然ガスを政治力の〝エネルギー〟とするプーチン政治を表す言葉。

□294307500円（ニクシミノナイゴウトウ）

これは、かつて、いわゆる「三億円事件」で奪われた金額。それを「ニクシミノナイゴウトウ＝憎しみのない強盗」と読みこなした語呂合わせです。

「文字遊び」「言葉遊び」「字解き」のインパクト

□豪に入れば豪に従え

文字の使い方で、面白いフレーズをつくれる場合もあります。これは、漢字による一種のダジャレ。「郷に入れば郷に従え」のパロディで、「豪（オーストラリア）に行ったときは、そのやり方に従え」ということを表しています。

□衣食住から医職住

これも、漢字によるダジャレの一種。昨今の日本では、高齢化が進み、また仕事探しが難しくなっているということをふまえて、「衣食」よりも「医職」が大事というほどの意味。

□聡明の「聡」の字は、まず耳から書く

漢字や言葉に関して、なぜそう書くかを解きあかす「字解き」で、興味を惹きつける方法もあります。見出しにしたのは、「聡明になるには、人の話をよく聞くことが大事」という意味。

□放送は「送りっ放し」と書く

見出し語は、テレビやラジオの無責任さを語るときに、昔からよく使われてきた言葉。この語にも、「なぜそう書くか」を解きあかす手法が使われています。

□楽曲の「曲」は「曲がる」と書く

だから、楽曲には「曲がったところ」(小さな違和感を与えるようなところ)が必要で、素直すぎる楽曲はヒットしないという意味。

□食とは「人に良し」と書く

そう書くのだから、「体にいい食材を食べなさい」や「食べる人の好みを大事にしなさい」というほどの意味。

うまくつくれば、「謎かけ」も使える

□政治は天気に似ている。全員に関わってくる

謎かけは、「○○とかけて、△△と解く。そのココロは…」という言葉遊び。この方式を使って名言風の言葉をつくることもできます。見出し語を謎かけにすれば、「政治とかけて天気と解く。そのココロは、全員に関わってくる」。「政治は全員に関わる問題です」と言っても、面白くとも何ともありませんが、謎かけ風にすることで関心を惹きつけられます。

□誤植は、畳のホコリのようなもの

そのココロは「叩けば叩くほど出る」。出版に関わっている者には、身にしみる謎

かけ風の言葉です。

□高度成長期は、人間の人生でいえば、青春期のようなもの。一回しかやってこない

これも、言葉の構造は謎かけ形。「高度成長期とかけて、青春と解く。そのココロは、一回しかやってこない」という形でも表せます。

一度聞いたら忘れない「頭字法」の極意

□銀座のさしすせそ

「頭字法」は、単語の最初の文字をつなげることで、新しい言葉をつくる方法。本来、記憶術のひとつですが、印象的な言葉をつくるときに使うこともできます。

「銀座のさしすせそ」は、クラブのホステスが使うお客を喜ばせるためのセリフの頭字をつないだもの。「さすがです」「知りませんでした」「素敵です」「センスがいいですね」「そうなんですね」の頭字をつなぐと、「さしすせそ」になるというわけ。

□日韓のタイヤキ

「タ」は竹島、「イ」は慰安婦、「ヤ」は靖国、「キ」は教科書。日韓対立の火種となってきた諸問題の頭字を並べた言葉です。

□小・少・軽・短・美

自動車メーカーのスズキの基本方針。頭字法ではありませんが、小型車専門で、美しい車をつくるというスズキの企業理念を表す「漢字」を連ねた言葉です。

「○○とは△△である」にあてはめてみる

□「交渉力」とは、あきらめの悪さ

「○○とは△△である」と「定義」することで、名言風の言葉をつくる方法があります。見出し語は、「交渉力」のカギは、頭のよさや言語能力ではなく、粘り強さにあるという意味。むろん、○○と△△には「落差」のある言葉を選ぶのが、意外な表現をつくるコツです。

□「リーダー」とは率いる人ではなく、背中を押す人

通常、リーダーといえば、チームや集団を率いる人のこと。しかし、「そうではない」ということで、意外性を生み出しています。

□有名になるとは、バカにされること

人が有名になり、世間の注目を浴びるのは、尊敬を集めるからではなく、ある意味、悪口や揶揄の対象として、大衆の「玩具」になるからというほどの意味。

□組織作りとは神話作りである

組織など、集団を維持・発展させるには、神話のような「核」となるストーリーが必要だという意味。

2 「たとえ」がうまい人のモノの見方を盗もう

天気にたとえる――比喩①

□凪のような日本経済

「比喩」は、レトリックのなかでも、最も多用される手法です。以下、比喩によく使われる語彙を紹介しながら、どう組み合わせれば、魅力的な比喩をつくれるのか、そのノウハウを紹介していきましょう。まず、天気や気象現象は、わかりやすい比喩の材料になります。たとえば、経済関係では、景気が晴れや曇り、雨などの天候によくたとえられます。「薄曇りの日本経済」「景気は土砂降り状態」のように。見出し語は、景気が「凪」（風が止む現象）のように「上にも下にも動かない」状態を表しています。

□盛夏のような人物

「季節」も、比喩の材料によく使われます。見出し語は、真夏のように暑く、あるいは暑苦しい人物という意味。

□指紋のような低気圧

気象現象自体も、いろいろな比喩によって表されます。見出し語は、低気圧が発達し、天気図に多数の「渦」が巻き、まるで指紋のような状態であることを表すフレーズ。

□風の又三郎が通ったかのような強風

気象現象をめぐっては、こんな比喩も成立します。

モノにたとえる――比喩②

□電飾のような子

「モノ」は、その特徴や機能によって、さまざまな比喩の材料になります。見出し語は、電飾のように「明るい性格」であるという意味。

□将来に豆電球ほどの明かりが灯る

「豆電球」は、ごく小さな明かりのシンボル。見出し語は、どん底の状態から抜け出して、事態がわずかながら好転したというほどの意味。

□紙切れのような知識

「紙切れ」は、その形状から、薄っぺらいものの代名詞に使われます。見出し語で伝わりにくいと感じるときは、「紙切れのように薄っぺらい知識」と言えば、意味がはっきりします。

□黒板を消すように

まっさらにする、白紙に戻すという意味。「黒板を消すように、旧弊を一掃する」のように使います。最近は、同じ意味の比喩として「上書きするように」がよく使われています。

□ナイフのような言葉

これは、相手を傷つける言葉、または、ひじょうに鋭い言葉という意味。「ナイフのような評論」「ナイフのような指摘」など、「ナイフ」は鋭い言葉の比喩によく使われます。

スポーツにたとえる——比喩③

□人生の7回裏

スポーツ関係は、比喩の材料の宝庫。とくに、人気の高いスポーツ、野球、サッカー、格闘技、陸上競技などがよく用いられます。見出し語は、野球の「7回裏」にたとえて、「終盤の入り口」あたりを指す表現。ほかに、「9回2アウト」と言えば土壇場、「野球で言えば、まだ3回あたり」は序盤という意味。

□8人でサッカーしているような状態

むろん、サッカーが1チーム11人であることからの比喩で、人員が不足している状態を意味します。このパターンを使うと、「(野球の)グラウンドを7人で守っているような状態」や「(テニスで)一人で壁打ちしているような状態」など、いろいろな比喩をつくれます。

□センターフォワードのように前に出る

サッカーのポジション名を使った比喩。他に、「センターバックのように立ちはだかる」や「サイドバックのように駆け上がる」など、ポジション名を使って、さまざまな比喩をつくれます。

□権威主義国家の両横綱

大相撲関係の言葉も、比喩によく登場します。見出し語の「両横綱」は、並びたつ、双璧をなす、2トップという意味で使われています。ほかにも、番付を使って多様な比喩をつくることができ、たとえば「横綱と序の口ほどの違い」と言えば、天と地ほどの差という意味。

□私はサンドバッグじゃない。殴られたら、殴り返します

「サンドバッグのように殴られる」という「準慣用句」を応用した言葉。なお、「サンドバック」ではなく、正しくは「サンドバッグ」なので、注意のほど。

□バトンをつなげる

見出し語は、リレー競技のように「次につなげる」という意味。陸上競技用語を使った比喩では、「ハードルを上げる」と言えば、合格ラインなどが上がるという意味。「テープを切る」と言えば、首位で物事を終えるという意味。

動物にたとえる——比喩④

□飼い犬のように忠実

「動物」は、多くの人がそのキャラクターや形状を知っているので、わかりやすい比喩をつくれる材料。見出し語は「飼い犬が命令に従うように忠実」という意味。これに変化をつけ、「警察犬のように忠実」や「番犬のように忠実」とも表せます。

□恐竜のように

「恐竜」は、絶滅や滅びのシンボル。「巨体を持て余す恐竜のように沈んでいく大企業」などと使います。

□変わるのは、カタツムリくらいゆっくりでいい

「カタツムリ」は、のろのろ、ゆっくりの代名詞。それに多少ひねりを加えると、見出し語のような比喩をつくることができます。

□猫のように

「猫」は、さまざまな特徴が比喩の材料になる動物。まず、その性格から自由や気ままの代名詞として使われ、「猫のような個人主義者」など。また、その行動から「猫のように顔を撫でている」のようにも使えます。

□鯖《さば》の背のように青い

ポピュラーな生き物は、多くの人がその形や色をイメージできるので、その形容にも使えます。見出し語は、青魚の「鯖」を色の形容に使った言葉。ほかに、「マンボウのように丸い」や「南海の魚のようにカラフル」など。

飲食物にたとえる——比喩⑤

□寿司屋にとってのマグロのようなもの

「飲食物」も、比喩の材料によく使われます。見出し語は「目玉商品」という意味。

ほかに、「寿司屋にとってのコハダのようなもの」と言えば、最も利益の出る商品、「寿司屋にとってのタマゴのようなもの」と言えば、「少し異質だが、欠かせない商品」という意味。

□ミニトマトのように丸い

食材は、色や形をイメージしやすいので、形状の比喩にもよく使われます。「海苔のように黒い」「バナナのように曲がっている」「ブロッコリーのような髪形」など。

□ソーダ水のように爽やかなひと言

これは、準慣用句と言ってもいい表現。飲み物の「味」によって、「コーヒーのように苦いひと言」、「黒ビールのようなコクのある表現」など、さまざまな比喩をつくることができます。

□古酒と新酒をブレンドしたような

見出し語は、「新旧を混ぜ合わせたような」という意味。

人名にたとえる——比喩⑥

□今太閤

「人名」も比喩によく使われ、見出し語のように慣用句化している言葉もあります。「今太閤」は、農民から太閤にまで出世した豊臣秀吉のように、裸一貫から立身出世を遂げた人のこと。この「今＋人物名」のパターンは、「今弁慶」「今義経」「今業平《なりひら》（在原業平のようなハンサム）」など、さまざまに用いられています。

□日本のピカソ

世界史上の人物名も比喩の材料になります。とりわけ、わが国では、「日本の○○」や「和製○○」という形でよく使われ、「日本のエジソン」「和製ディマジオ」など。

□桃太郎内閣

物語の登場人物の名も、比喩に使えます。見出し語は、桃太郎が犬、猿、キジにきび団子を与えたように、「自分の家来にだけ、ポストを与える内閣」という意味。ほかに、「浦島太郎のような心境」と言えば、時代についていけないという意。

□ホームズとワトソンのような関係

名探偵シャーロック・ホームズとワトソン医師の関係のような、という意味。相棒、協力者、記録者など、文脈に応じて、いろいろな意味に使えます。

□ハムレットのような心境

シェークスピアの戯曲の登場人物も、比喩によく使われます。「ハムレット」は、悩み多く、迷える人の代名詞。「シャイロック」（ベニスの商人の金貸し）は、強欲な者の代名詞。また、「ロミオとジュリエットのような仲」と言えば、周囲に反対される恋仲の二人という意味。

4章

結果を出す語彙力

——うまくいく人は、ここでこう言う

「稼ぐ」ためには、仕事上のさまざまなピンチをしのぐ語彙力が必要です。ときには、厳しい質問をはぐらかし、結論を先送りし、紛糾した会議をうまく終わらせることも必要です。そんなピンチをうまくしのいで、結果を出すには、どう話せばいいのか？——本章では、そうしたピンチをしのぎ、結果を出すための言葉の操り方について、お話ししていきましょう。

People who charm others and
attract money know
the power of words

1 この説得フレーズを持っていると、なにかと〝強い〟

結局、説得は「言葉の力」がすべて

×奇抜じゃありませんよ
○奇抜だからこそ、読者の目に留まるんですよ

たとえば、出版企画をめぐって、「こんな奇抜なデザインの本、売れませんよ」と言われたとき、×のように返すと、「奇抜だ」「奇抜じゃない」という不毛な水掛け論に陥ってしまいます。一方、○のように言えば、相手の指摘を逆手にとって、こちらの思う方向に話をリードできます。

×あなたのやり方は間違っています
○私なら、別のやり方を選ぶと思います

×のように、相手の間違いをあからさまに指摘すると、プライドを傷つけ、話をこじらせる原因になるもの。一方、○のように、自分を主語にすれば、「(相手が)間違っている」という言葉を使わずに言い換えることができます。

×他の部署の協力がないので困難です
○他の部署の協力があれば可能です

自分のプランを説明するとき、×のように「できない理由」を述べるよりも、○のように、ポジティブに表現したほうが、説得力が増すもの。ほかに、「準備期間が足りません」は「準備期間があれば可能です」、「予算が足りないのでできません」は「○○万円の予算を用意できれば可能です」と言い換えると、周囲の同感を得やすくなります。

×早くしてもらえませんか

○どうしても遅刻できないのです

たとえば、何かの手続きで時間がかかっているとき、×のように言っても、なかなか急いではもらえないもの。一方、○を使って、「申し訳ありません。どうしても遅刻できないのです。少々急いでいただけると助かります」と言えば、相手の同情を誘い、多少は急いでもらえるかも。

×（店舗で）奥へお進みください

○奥のほうが涼しくなっておりますので、お進みください

近年、注目を集めている「ナッジ」という手法があります。小さな工夫で、人をうまく動かす方法のことで、むろん言葉もうまく使えば、人をナッジすることができます。これは、その代表例。×のように言っても、なかなか人を誘導できないものですが、○のように「利益誘導」すれば、大勢の人を動かせるというわけ。

×次回から担当者が変わります

○この案件に最適の者が見つかりましたので

単に「担当者」を変えると言うと、マイナスにとられるおそれもありますが、○のように、ポジティブな理由を挙げると、そういう印象を薄められます。

×少々お時間いただきます

○注文いただいてから、焼いておりますので、少々お時間いただきます

お客の注文に対して、×のように言うと、「待つのなら、いらない」というお客も出てくるでしょう。一方、○のように言えば、お客には「焼きたてを食べられるのなら、待つとするか」と考える人が増えるものです。この「焼きたて」は飲食関係の小売店では、大きな効果がある言葉で、パン店などで「こちらの商品、ただいま焼きたてです」というフレーズが売り上げを伸ばしています。

こう言えば、人は気持ちよく動いてしまう

×夜は、もう少し静かにしていただけませんか
○夜間、音が気になるようでしたら、おっしゃってください

×のように言うと、騒音トラブルにもなりかねませんが、○のように言えば、相手も大人なら、「うちの音がうるさいんだな」と気づくはず。逆に、相手からこう言われたときには、言葉の意味を察して、「ウチ、うるさいですよね。すみません」と頭を下げたいもの。

×悪いけど、そろそろ時間なので
○すっかりお引き止めして、申し訳ありません

これも、前項と同様の言い換え方。たとえば、話の長い人につかまったとき、×のように言うと角が立ちますが、○のように自分に非があるように言えば、相手を憤

慨させることなく、自分の長話に気づかせることができます。

×注意します
○声をかけさせていただきます

たとえば、何かのルール違反を防ぐため、「○○は見つけしだい、注意します」とアナウンスしたりすると、お客を不快な気分にしてしまいます。一方、○のように言えば、お客を不快な気分にすることなく、注意を喚起できます。

×持ち帰らないでください
○盗まれるほど人気です

○は、群馬県の「道の駅」で使われた言葉。その道の駅では、トイレットペーパーの減りが異常に早く、盗まれているとみられていました。そこで、職員が「盗まれるほど人気」と書いたポスターをトイレに貼ったところ、異常な減りが止まったのです。犯罪心理学の専門家は、「盗み」という言葉を掲げたことで、「ひとつくらい、いいだろう」という気分から持ち去ると犯罪者になりかねないという認知の変化が起きたと説明しています。

×そんなに見ないでください
○手元の資料をご覧ください

たとえば、プレゼンなどで、参加者の視線が自分に集まり、それが緊張の原因になっていると感じたとします。そんなときでも、×のように言うのは、あまりに子供っぽい。○のように言えば、参加者の目はしぜんと資料に向かうので、自分から視線をはずすことができます。

×お出口までお見送りいたします
○お出口までご一緒させてください

お客を見送るとき、×のように言うと、お客に無用のプレッシャーをかけてしまうことがあります。一方、○のように言えば、「見送ってあげる」のではなく、「見送りさせていただく」という謙虚な気持ちを伝えられます。

価格交渉の成否を分ける言葉の使い方

×予算は○○です
○いくらなら、お引き受けいただけますか？

価格交渉の鉄則は、値段をまず相手に言わせること。こちらから先に数字を出すと、たとえば、相手が50万円でも引き受けると思っているところに、「100万円で」と言ってしまうかもしれません。○のようにたずね、相手に先に数字を出させてから、交渉をはじめるのが得策。

×1割引いてください
○予算が厳しいので、もう少し安くなりませんか？

価格交渉では、価格とともに、割引率も先に言うのは得策ではありません。相場がよくわからないのに、先に数字を出すのは禁物。相手はもっと安くしてもいいと思っている可能性もあるからです。割引率も、まず相手に言わせるようにしましょう。

×それでは、予算オーバーです
○それでは、大変な予算オーバーです

相手に先に値段や割引率を言わせたとき、×のように言うよりも、「大変な」をつけて「大変な予算オーバーです」と言ったほうが、大きな値引きを期待できるもの。

×その値段では無理ですね
○もし、こちらも買うとすれば、値下げしていただけますか

ビジネス関係の会話では、「イエス・バット」形のフレーズがよく使われるものですが、価格交渉では、○のような「イエス・イフ」式のセリフが効果的。「もし、こちらも買うとすれば」「もし、買う数を増やせば」「もし、納期を遅らせるなら」など、仮定の条件を繰り出すことで、さらなる値下げの可能性を探れます。

交渉の場で効果を発揮するモノの言い方

×1か月以内に合意するように、上司に言われています
○御社では、いつまでに合意したいというお考えですか？

交渉する際、「締め切り」を明かすと、こちらの手の内をさらすことになってしまいます。締め切りを明かすと、それが迫ってきたとき、足元をみられるおそれがあるからです。「価格」と同様、締め切りも、こちらからは口にしないのが得策です。

×そこを何とかお願いできませんか
○代替案を聞いていただけませんか

×のように、ただ頼み込むのは、交渉者として、芸のない話。相手がプランAに応じないときには、頃合いを見計らって、プランBを繰り出すのが、交渉の鉄則です。○のように切り出せば、相手はプランBに耳を傾けようとするはず。

2 「説明する」ときに、存在感を発揮するワンフレーズ

取引先との打ち合わせで役に立つ語彙力

□お互い今までの時間が、無駄になってしまいます

交渉決裂を避けるためのフレーズ。交渉が白紙に戻れば、こちらも相手も、交渉に費やしたそれまでの時間を無駄にすることになってしまいます。よほどのことがないかぎり、相手も、それは避けたいと思っているはず。

□できれば避けたい結論です

交渉打ち切りなど、ネガティブな結論を避けるためのフレーズ。「できれば避けた

い結論です。もう少し、話し合う余地はないものでしょうか」のように使います。

□○○さんの胸ひとつだと思います

相手に決断を迫るフレーズ。「そこは、社長の胸ひとつだと思いますよ」など。

□ここは譲れません

相手の要求を拒否するフレーズ。それでも、「それは無理です」や「それは不可能です」と言うよりは、多少はやわらかく響く言葉。

□もう少しで、上を説得しやすくなるのですが

相手に対してストレートに譲歩を迫るのではなく、「上」を説得するため、相手の譲歩が必要という言い方にすると、多少は効く場合もあります。

□飲み物がなくなったので、何か買ってきます

交渉で相手に押されていると感じたとき、ブレイクをいれるための言葉。「長丁場になりそうなので、少し休憩しませんか」も、同様の場面で使えるセリフ。

□次回はこちらから伺いますので、社長様にご同席願えませんか？

交渉が遅々として進まないときに、最終的な意思決定者を引っ張りだすためのフレーズ。「こちらから出向く」と言えば、相手は断りにくいもの。

□では、〇〇ということでよろしいのですね？

交渉、商談、会議などで、最終的な確認を取るフレーズ。質問形でたずね、相手に「そうだ」と言わせることで、確実な言質を取ることができます。「この線で進めていいわけですね？」も、同様の確認をとるためのセリフ。

さりげなく結論を先送りするひと言

□もう少しよく話し合いましょう

交渉が決裂しそうになったとき、結論を先送りするフレーズ。また、相手が当方の意に沿わない方向に、結論をまとめようとしたときにも使うことができます。「ともかく、もう少しよく話し合いませんか」など。

□もう少し、一緒に考えてみましょう

その日は結論を出したくないとき、「もう少し、考えてみます」と言うと、相手に「いつまで？」「先延ばしする気か？」と思われるかもしれません。一方、「一緒に考えましょう」と言えば、相手も当事者になるので、そういう不満を抱かれにくくなります。

□今度また、ゆっくりお話を聞かせてください

相手の提案などに対し、その日は結論を出せないとき、時間を稼ぐフレーズ。「その問題は重要ですので、機会を改めて、ゆっくりお話を聞かせてください」など。

□さらなる検討が必要だと考えます

否定的なニュアンスをにおわせながらも、結論を先送りするフレーズ。こう言って

先送りしておくと、こちらが断るまでもなく、相手があきらめてくれるかもしれません。「慎重に判断すべきと思います」や「時期尚早ではないでしょうか」「拙速な判断は避けなければなりません」なども、同様に使えるフレーズ。

□たくさんの論点をいただきましたので、持ち帰り、検討いたします

取引先などからの要求に対し、自分の判断で返事ができないときに使うフレーズ。「担当課に持ち帰り、精査することにいたします」も同様に使えます。

相手をムッとさせないように反論するには？

□あえて反論してみますと

反論する際、最初に「あえて」という副詞を使うことで、「議論を活発にするため、あえて反論する」という含みを持たせることができます。実際には、本気で反論するときも、こう前置きすると、角が立ちにくくなります。

□確かにそうですね。しかし……

いわゆる「イエス・バット」方式で反論する言葉。即座に否定すると、相手を感情的にさせやすいので、相手の言葉をいったん肯定してから、反論を開始するのが得策です。「おっしゃる通りかもしれません。ただ……」など、いろいろな言い方ができます。

□ごもっともな意見ですが、私の話も聞いていただけませんでしょうか

商談や会議で、「私の意見も聞いてください」と言うと、相手の感情を害しかねません。まずは「ごもっともな意見」と持ち上げておいてから、聞いてほしいと依頼すれば、相手はこちらの話に耳を傾けやすくなります。

□なるほど、お話はよくわかりました

「わかりました」と言いながら、反論するための前置き。即座に反論すると、相手の感情を損ねやすいので、いったんこのフレーズで受け止めてから、「ただ…」と反論を開始するのが得策。

□そうとばかりは言えないと思いますよ

相手の意見に対して、真っ向から反論すると、人間関係までおかしくしかねません。「そうとばかりは言えないと思いますよ」と婉曲に切り出し、ゆっくり反論するのが大人のもの言い。

□そのあたりは、見解の分かれるところですね

はっきり反対すると、角が立ちそうなときには、この婉曲表現を使うといいでしょう。「そのあたりは、いろいろな見方がありそうですね」や「そのあたりは、微妙なところですね」も同様に使えるフレーズです。

□まことに僭越《せんえつ》ですが

自分よりもえらい人に対して、反論するときの前置き。「まことに僭越ですが、そのあたりは、見解の分かれるところだと思います」のように使います。

□そう思われるのも当然です。ただ…

批判的な意見を、いったん受け止めるフレーズ。そのあとで、「ただ…」と続け、反論するとソフトに聞こえます。ほかに、「多くの方がそうおっしゃいます」や「鋭いご指摘です」も、同様に、批判の「受け皿」として使える前置き。

□それは、為《ため》にする議論ではありませんか

これは、正面きって反論するときに使うフレーズ。「為にする議論」は、下心や何かの狙いがあって、あえてする議論のこと。裏に何らかの思惑、策謀がありそうだという意を含みます。

□そういうご意見があることは承知しております

「批判的な声がある」という意見を受け止めるフレーズ。このフレーズのあと、反論するときには、「ただ…」と続け、返答を避けたいときには、「今後の検討材料にしてまいりたいと思います」と続けます。

□困ったことにならなければいいのですが

心配や懸念を表す形で、婉曲に反対の意を表すフレーズ。「前向きなのは結構ですが、困ったことにならなければいいのですが」などと使います。

プロは質問に見せかけて反論する

□…と考えるのはいかがでしょうか？

反対意見を婉曲に述べるためのフレーズ。「いかがでしょうか？」と提案の形をとることで、相手の案に対する否定的な意見をソフトに示せます。

□他社が取り組んでいないのは、どうしてでしょう？

現実的ではない話と思っても、「そんなの無理ですよ」と、その非現実性をあからさまに指摘すると、反感を買うもと。「他社が取り組んでいないのは、どうしてでしょう？」と、他のプロがどう考えているかを示唆すれば、現実性の乏しさをやんわり指摘できます。

□時代を先取りしすぎていませんか？

新しい提案に反対するとき、その新しさを認めつつも、「早すぎる」と指摘するフレーズ。「先取りしすぎていませんか？」と言えば、相手の先見力を認めたうえで、婉曲に否定できます。

話をこじらせないよう、遠回りに否定する

□実効性という観点からいかがでしょう

相手の提案が「現実的でない」ことを指摘するためのセリフ。「現実的でない」と言うと、角が立ちますが、見出し語のような質問形にすると、表現をゆるめることができます。

□懸念があるとすれば

相手の企画やプランの問題点を指摘するときの前置き。「心配な点があります」と

言うと、欠点をあからさまに指摘することになりますが、「懸念があるとすれば」と言うと、「懸念かどうかも、わかりませんが」というニュアンスになり、真っ向から否定することにはなりません。

□首肯《しゅこう》し難い結論です

「首肯し難い」は、うなずくことはできない、という意味。賛成できない、納得できない、という意をさらに婉曲に表す言葉。

□その点は別途、すり合わせが必要かと考えます

相手が複数の論点や要求を持ち出してきたとき、分けて議論するためのセリフです。平たくいえば、「それとこれとは、話が別ですよ」という意味。たとえば、一つの要求は呑めても、もう一つの要求は呑めないようなとき、このフレーズを繰り出せば、「ごっちゃにしないでください」というこちらの意思を伝えることができます。

□その二つの問題は、切り離して考える必要があると思います

これも、前項と同様、相手が論点や要求をごっちゃにしたときに、分けて議論するためのフレーズ。

「報告」「説明」の場には絶対欠かせないフレーズ

□かいつまんで、ご報告します

話に、きびきびした感じを出すのに効果的な前置き。「今日の会議の結論をかいつまんでご報告いたします」など、短く報告するときに使います。

□ご判断を仰ぎたいと存じます

目上に、自分のプランなどを説明したあとに使う言葉。「ご判断を仰ぐ」という言葉で締めくくると、「自分の案を最善と思っているわけではない」という謙虚な姿勢を示せます。

□二、三補足しますと

説明を補足するときの前置き。たとえば、部下の説明では、お客によく伝わっていないと感じたときは、こう前置きしてから、よりわかりやすく説明するといいでしょう。こう言えば、説明者に恥をかかせることになりません。

□ご判断の材料になればと思いまして

上司や取引先に、情報提供するときのセリフ。判断するのは相手と立てながら、情報を伝えることができます。一方、目上に対し、「参考になればと思い…」と言うのは、いささか失礼に聞こえます。

悪い報告は「常套句」で乗り切れる

□このたび、苦渋の決断をせざるをえなくなりました

バッド・ニュースを伝えるときの前置き。「このたびは、店舗閉鎖という苦渋の決断をせざるをえなくなりました」など。

□断腸の思いで

前項と同様に、悪いニュースを報告するときの前置き。「断腸の思いで、事業の中断を決断いたしました」、「断腸の思いで、退職を勧告いたしました」など。

□お気を悪くなさらずに、聞いていただきたいのですが

言いにくいことを言うまえや、聞きにくいことを聞くまえに使う前置き。「ご気分を害されるかもしれませんが」も同様に使えるセリフ。

□縁起でもないとおっしゃられるかもしれませんが

将来のよくない出来事を仮定して話を進めるときに使う前置き。

3 相手が答えたくなる「質問」の正解とは？

大人っぽく質問するための語彙力

□少々おたずねします

質問するときの基本的な前置き。より丁寧に言うと、「少々おたずねしてもよろしいですか？」

□お教えいただきたいのですが

前項と同じく、質問するときの前置きですが、「教えを乞う」という姿勢を表すことで、相手の自尊心をくすぐることができます。

□○○についてのお考えをお聞かせください

相手の意見を聞くときのフレーズ。たとえば、「中期事業計画作成にあたって、お考えをお聞かせください」のように使います。

□…と考えて間違いではありませんか？

自分の理解が正しいかどうか、確認するためのフレーズ。「…と理解してもよろしいのでしょうか？」も同様に使えるセリフで、「今のお話、大筋、了解いただけたと理解してよろしいのでしょうか？」など。

□順調ですか？

報告がないとき、「例の件、どうなってるの？」と問い詰めるように聞くと、相手は「悪い話」をできなくなるかもしれません。「順調ですか？」と問えば、相手をとがめることなく、ニュートラルにたずねることができます。そのほうが、相手は「じつは…」と、悪い話を報告しやすくなるもの。

□念のため、確認させていただきたいのですが、この点はどうなさいますか？

商談などで、疑問点や不明点について、たずねるセリフ。このセリフを使うと、一つずつ疑問点をつぶしながら、話を進めることができます。

仕事がうまくいくかどうかは「質問力」にかかっている

□予算はいかほどとお考えですか？

商談を進めるには、むろん相手の予算を知っておいたほうがいいもの。その際、「予算はおいくらですか？」とストレートに聞くのは、いささかぶしつけ。「いかほどとお考えですか？」と丁重にたずねるのが、大人のもの言いです。

□次に進んでもよろしいでしょうか？

お客に説明中、話の区切りで問いかけるフレーズ。とりわけ、長い説明では、ときおりこの言葉をはさみたいもの。

□先方の手応えはいかがでしたか？

上司や先輩に、商談の進み具合をたずねるフレーズ。ストレートに「うまくいきましたか？」というよりも、「手応え」という言葉を使うと、大人らしい質問になります。

□何か大切なお話があるとお聞きしましたが？

相談に来た人が、なかなか話し出さないときに使うフレーズ。「折り入ってのお話とは、何でしょうか？」も、同様の場面で使えるセリフ。

□代わりの者でよろしいでしょうか？

担当者が不在で、お客に応対できないときのフレーズ。その際、「代わりの者がお伺いします」と一方的に伝えるのではなく、「よろしいでしょうか？」と相手の許しを求める形にすると、丁重に聞こえます。

□夕べはよく眠れましたか？

一緒に出張中の人と、朝、出会ったときの定番の質問。昨夜の眠りに関する話をひと言ふた言交わすことが、朝の挨拶代わりになります。

質問を効果的にする〝ワザあり〟の聞き方

□そうは思いませんか？

「あなたはどう思いますか？」と聞かれると、身構えてしまう人もいるでしょう。しかし、「そうは思いませんか？」のように問うと、相手はなかなか「思いませんね」と答えにくいもので、一応のところ、同意を得られる可能性が高くなります。ただ、押しつけがましい言い方ではあるので、勝負どころで一回程度しか使えないフレーズ。

□2点ほど、質問があるのですが

複数の質問があるとき、「いくつか、質問したいのですが」とあいまいに聞くのではなく、「2点ほど、質問があるのですが」のように、数をはっきりさせると、相手は答えやすくなります。

□何か手伝えることはありますか?

相手が困っているとき、「どうしたんですか?」のように声をかけるのは、いささかぞんざい。言い方によっては、とがめているようにも聞こえます。「何か手伝えることはありますか?」のようにたずねれば、相手は困っていることについて、話しやすくなるはず。

□なんでも質問してください

政治家には、講演のあとなどに、聴衆に「なんでも質問してください」のように呼びかける人がいるもの。そうして、「自分は、どんな質問にでも答えられる」という堂々とした態度を示すのです。むろん、これは、政治家以外も使えるテクニック。質問者が抱きがちな「こんなこと、聞いて大丈夫だろうか?」という不安を解消することができ、「ご質問はありますか」と言うよりも、好印象をもたれるはず。

プライバシーを上手に聞き出す言い換え術

□何年目ですか？

近年、プライバシーの関係もあって、「おいくつですか？」と年齢を聞きにくいもの。ただ、今のところ、「社歴」を聞くのは許容範囲という空気があるので、気になるときは、「何年目ですか？」のように聞くのが得策。正確な年齢がわかるわけではありませんが、だいたいのところは見当がつくもの。

□もう、この業界は長いのですか？

転職してきた新しい担当者らに対して、「前職はどちらですか？」のようにたずねると、詮索しているようにも聞こえかねません。一方、「もう、この業界は長いのですか？」のように問えば、詮索するという雰囲気を出さずに、相手のキャリアを窺い知ることができます。

□○○さんとのおつきあいは、もう長いんですか？

共通の知人との関係をたずねる質問。「○○さんとはどこで知り合われたのですか？」とは聞きにくくても、「つきあいの長さ」なら、詮索がましくなることを避けながら、質問できます。相手も差し障りがなければ、知り合った経緯などを話してくれるでしょう。

□フルネームをお伺いしてもよろしいでしょうか

相手の名字しかわからないとき、「下のお名前を教えていただけますか」と聞く人がいますが、名前に姓と名はあっても、上や下はありません。お客に対して、「下」という聞き方で名前を聞くのは失礼にあたります。

好感度が高い人の質問の受け方

□ただいま、○○さんからご質問があった件ですが

会議などで、質問に答える際の定番フレーズ。誰の質問に答えるかをはっきりさせ

ることで、理解を得やすくなります。

□おたずねの件につきましては、…のように聞いております

相手からの質問に対して、「伝聞情報」を伝えるときの言い方。たとえば、関係部署から聴取した内容を伝えるときには、このフレーズを使います。

□ご質問の趣旨を取り違えてはいませんよね

質問者に、質問内容を確認するフレーズ。意味不明の質問に対しても、こう問うと、丁寧に回答しているという印象を与えることができます。

厳しい質問には、語彙力ではぐらかす

□こちらが教えてほしいくらいですよ

厳しい質問や答えにくい質問をはぐらかすひと言。その意味は、「自分が知るよしもない。私に聞くのはお門違いですよ」というあたり。むろん、事情をよく知って

いる場合にも、質問をそらすために使えます。

□その質問に答えるまえに

相手の質問に即答できないときに、時間を稼ぐフレーズ。「その質問に答えるまえに、まずここに至った経緯からご説明したいと存じます」などと言いながら、厳しい質問に答えずにすませることを狙うフレーズ。

□それはそれとして

これも、前項と同様、相手の質問に明確に答えられないとき、とりあえず時間を稼ぐフレーズ。「それはそれとして、まずは当方の説明を聞いていただきたいと思うのですが」などと、はぐらかすときに使います。

即答をうまく回避するための大人語

□担当者が不在のため、お答えいたしかねます

質問されて、すぐには答えられないときの言い訳。とりあえず時間を稼ぐため、担当者の不在を理由にするフレーズ。

□現在調査中でございまして

トラブルの原因などについて聞かれたときの常套句。即答を回避し、時間を稼ぐフレーズです。「精査のうえ」や「現在、詳細を確認中」も同様の効果があります。

□現在係争中の案件ですので

訴訟中の案件について質問されたときに、返答を避けるための常套句。「現在係争中でございますので、回答は差し控えさせていただきます」などと使います。

□申し上げる立場にありませんので

答えにくい質問をされたとき、返答を避けるためのセリフ。使えるのは、自分の直接的な職掌外のことについて質問されたとき。「コメントする立場にない」も同様。

4　会議を盛り上げ、スムーズに乗り切るために

会議を活性化させるには、語彙力が必要だ

□次の議題に進みますが、みなさん、よろしいでしょうか？

会議の参加者とコミュニケーションを取りながら、議事を進行させるフレーズ。単に「次の議題に進みます」と言うよりも、「みなさん」と呼びかけることで、一体感を生み出す効果があります。

□忌憚《きたん》のない意見を聞かせてほしいのですが

暗いテーマの会議では、出席者の口が重くなりがち。そういう会議では、進行役が

「忌憚のない意見を聞かせてほしい」と促すのが得策。進行役がそう言えば、ぽつりぽつりと意見が出はじめるもの。

□他の方の意見も伺いたいと思います

会議では、発言が一部の人に偏ることがあります。そんなときは、議論を活発にするため、このフレーズで、ほかの人の発言を促したいもの。

□そういえば○○さんは…

話が滞ったとき、情報や経験を持つとみられる人に、話を振るフレーズ。「そういえば、○○さんは、この件について、ご経験が…」というように、発言を求めるといい。

□どなたか、反対意見を聞かせてくれませんか？

心理学の研究で、「全会一致」で決まったときには、誤った結論が出やすいことがわかっています。そこで、このフレーズで、あえて反対意見を求めると、議論が活発になるうえ、新たな論点や問題点を発見しやすくなります。また、反対意見を聞いておくと、それがガス抜きになり、会議後、不満が残りにくいという効果もあります。

□質問がある方は、いらっしゃいますか？

これを「質問はございますか？」と言うのはNG。そう言うと、「質問」を敬うことになってしまうからです。「いる」の尊敬語の「いらっしゃる」を使うと、正しい敬語になります。

話の脱線を阻止して、本題に戻すには？

□面白いお話ですが、本題に戻しますと

議論が脱線しそうなとき、話を本筋に戻す言葉。脱線気味の意見が出たとき、「面白いお話ですが」と持ち上げながら、「本題に戻しますと」と続ければ、議論をスムーズに軌道修正できます。

□その議論はまた別の機会に

これも、議論が脱線しはじめたとき、軌道修正するフレーズ。進行役が「それは、本日の議題ではないので」などと言うと、発言者を傷つけてしまいます。「その議論は、また別の機会に伺うとして」と言えば、発言者を傷つけることなく、軌道修正できます。

□その件につきましては次回、検討していただくということで

出席者のなかには、その日の議題とは関係のない話をする人がいるもの。そんなときは、このフレーズで脱線を防ぎ、議論を進めることができます。

□これまでの議論をまとめると、次の3つの論点があるということでよろしいですか？

会議で、さまざまな意見が出たあと、論点を3つくらいにまとめるのが、進行役の腕の見せどころ。その後、議論が必要な点を明確にできます。また、そうして論点をはっきりさせておけば、最後に、参加者の合意をとりやすくなるという効果もあります。

会議をリードするために、ストックしておきたい言葉

□恐縮ですが、手短にお願いします

会議中、一部の人の長話で時間を浪費しては、進行係として失格。話の長い人に対しては、このフレーズで手短に話すことを促したいもの。「恐縮ですが」ではじめることで、相手を立てながら、催促できます。

□すみませんが、○○に絞ってご意見をいただけますでしょうか

これも、話の長い人に対して、手短に話すことを促すフレーズ。「すみませんが」ではじめることで、相手を傷つけることなく、スムーズに議事を進行できます。

□ただいまの発言は、…ということでよろしいでしょうか

とりとめもない話を要約するときのフレーズ。自分の思う方向に要約して、議論をリードしたいときにも使えるセリフです。「ご発言中ですが、要約させていただく

と」という言い方もあります。

□○○の立場から、意見を述べます

会議で発言するときは、まず賛成か反対か、自分の「立場」をはっきりさせると、ほかの人に発言内容を理解してもらいやすくなります。また、「営業の立場からの意見になりますが」など、自分の職種的な「立場」をはっきりさせる場合にも使えます。

□手短に申し上げます

会議では、貴重な時間を費やしながら話すのですから、短く話すのが常識。こう告げてから、まず結論を述べ、理由を短く付け加えるとよいでしょう。

□理由は3つあります

発言内容やそう考える理由を「3つ」にまとめるのは、ビジネストークの定跡。「ポイントは3つあると思います」「課題は3点です」などと使うと、聞き手に理解されやすくなります。

会議を上手に終わらせるために覚えておきたいひと言

□ご一任いただくということでよろしいでしょうか

「執行部に一任する」という、きわめて日本的な、とりまとめ方をするためのひと言。会議の最後に、「本日、ご指摘いただいた課題に十分留意するということで、執行部にご一任いただくということでよろしいでしょうか」などと使います。

□おかげさまで、中身の濃い話し合いができました

会議や打ち合わせの終わりに、このフレーズを使うと、参加者に「有意義な会議だった」という印象を抱かせて、締めくくることができます。「本日は、いろいろとすばらしいご意見をいただき、ありがとうございました」「今日は貴重な意見を聞くことができました」も同様の効果があります。

□この問題については、継続審議ということにしたいと思います

その日の会議で、結論が出なかったことをはっきりさせるフレーズ。また、その会議で「結論を出したくない」ときにも使うことができます。

□ここで、結論を出すこともないわけですが

これも、結論を先送りするフレーズ。採決すると負けそうなとき、決をとるのを避けるためにも使えます。

□手心を加えないで議論していただき、ありがとうございました

会議で批判を浴びたとき、それに応じるフレーズ。批判を受けたとき、不愉快そうに退席するのは、大人げない態度。「手心を加えないで議論していただき、ありがとうございました。出直して参ります」のように応じれば、「対応を心得ている」と見直されるかもしれません。

5章

つながる語彙力

――結局、最後は信頼関係

何事も社会は人間関係がベースになります。どれだけ能力があっても、人間関係が不安定では、結果がついてくることはありません。この章では、社交辞令から、あいづち、感謝の言葉など、信頼関係を生み出すための言葉の操り方をご紹介しましょう。

People who charm others and attract money know the power of words

1　社交辞令こそ、大人社会を生き抜く知恵

楽しいことを伝える社交辞令を知っていますか

□こんなに笑ったのは、久しぶりです

宴会などのあと、「たいへん楽しかった」ことを表すひと言。「こんなに笑ったのは、本当に久しぶり。新型コロナウイルスが流行りはじめてから、初めてです」など。

□○○さんの前だと、つい話しすぎて

その相手と同席すると、楽しく話せることを伝える言葉。高レベルの親愛の情を表すことができるフレーズです。

□やっぱり、このメンバーは最高ですね

その日、集まった人全員に対して、親愛の情を表す言葉。たとえば、別れ際に「いやァ、今日は本当に楽しかったです。やっぱり、このメンバーは最高ですね」のように言えば、全員を笑顔にすることができます。

□あの話、彼にも聞かせてやってくださいよ

過去の武勇伝など、定番の自慢話を持つ人に対して、誘いの水を向けるフレーズ。こう言えば、相手は、内心はまんざらでもないという気分で、話し出すはず。

できる大人は、社交辞令を最大限に使う

□たいへんなお仕事ですよね

相手の職業を聞いたときに返す言葉。とりわけ、相手が「エッセンシャルワーカー」の場合に、ぴったりきます。「大切なお仕事ですよね」と返すのもOK。

□いつ伺っても、いい雰囲気ですね

相手の会社や店舗を訪ねたときの社交辞令。雰囲気の明るさ、チームワークのよさなど、組織としての長所をひと言で表せます。「いつ伺っても、いい雰囲気ですね。うらやましいかぎりです」のように。

□来た甲斐がありました

足を運んだ先で、話がうまく進んだり、懐かしい人に出会えたりしたときに、喜んでみせるひと言。「久しぶりに○○先生のご尊顔を仰げるとは。ここまで来た甲斐がありました」など、相手をヨイショするときにも使えます。

□どうぞ、さん付けで呼んでください

相手が「○○社長」や「○○先生」のように、肩書や敬称で呼びかけてくるとき、堅苦しい肩書は抜きにして、ざっくばらんに付き合いましょうと呼びかけるフレーズ。こう言えば、えらぶらないキャラクターであることを表せます。

□昨年は、お知り合いになれてラッキーでした。今年もどうぞよろしく

これは、年賀状や年始のメールで、使えるフレーズ。

□（私の）欲しいものが、よくわかりましたね

プレゼントをもらったときに返すひと言。手渡されたときは、「開けてもいいですか」とたずねてから開き、「あっ、これ、欲しかったんです。（私の）欲しいものが、よくわかりましたね！」と喜んでみせれば、「モノの貰い方」として完璧な作法といえます。

□かえって気をつかわせてしまって

贈り物のお返しをもらったときのセリフ。こちらが先に気をつかったため、相手にも気をつかわせることになったことを詫びる形で、感謝の気持ちを表せます。「かえって気をつかわせたみたいで、すみませんね」というように。

□おひとつ、召し上がれ

食べ物をすすめるときの「お召し上がりください」をカジュアルにした言い方。品のよさと気安さを兼ね備えた言葉になります。

社交辞令の効果をアップするには、これを言えばいい

□今夜は、氷点下になるらしいですよ

たとえば「寒いですね」と声をかけると、「そうですね」で、会話が途切れてしまいがちです。一方、「今夜は、氷点下になるらしいですよ」のように多少の情報を加えれば、「えっ、そうなんですか!」と話題が広がりやすくなります。

□ホントに暑かったですね

挨拶代わりの会話で、反論するのは禁物。たとえば、相手が「今日は暑いですね」と話しかけてきたとき、「昨日のほうが暑かったですよ」のように否定的に応じると、相手に「話しにくい人」と思われるのは確実。一方、同意するセリフで応じる

と、相手は言葉を続けやすく、話しやすい人と思われるはず。

□毎日、よく降りますね

挨拶代わりの会話で、答えにくい質問はしないこと。たとえば、「今年はなぜ雨がよく降るんでしょうね」のように問うと、相手は内心、「私に聞かれても……。気象庁に聞いてください」と思うかもしれません。挨拶代わりの会話では、簡単に応じられる言葉を投げかけること。

人間関係をギスギスさせない言葉の選び方

□そのお話と似ているのですが

相手の話から、自分の話に切り換えるには、多少のテクニックが必要。「話は変わるのですが」のように言うと、相手は自分の話を切られたようで、面白くなく感じるでしょう。「そのお話と似ているのですが」のように言うと、スムーズに話題を変えられます。

□御社と関係のある仕事をしています。お見知り置きください

「よろしくお願いします」は平凡な挨拶。そのように挨拶しても、相手の記憶には残らないでしょう。一方、見出しのフレーズのように言えば、相手の利益と結びつくので、記憶に残る確率が多少は上がるはず。

□○○さんには何でも話したくなります

「ここだけの話にしてほしいのですが」のように話しはじめると、相手は内心「そんな話、聞きたくもないよ」と思うかもしれません。まずは「○○さんには何でも話したくなるので困ります」と相手を持ち上げてから、「ここだけの話にしてほしいのですが」と続ければ、相手は耳を傾けてくれるかも。

2 あいづちはお互いの〝関係性〟を確認するサイン

共感を表す言葉、同意を表す言葉

□ご時世ですかね

相手が〝いまどき〟の風潮を嘆いたときのあいづち。たとえば、相手が昨今の若い人の様子やドライな世の中についてボヤいたとき、この言葉で応じると、共感を表すことができます。

□悪いことはできないものですね

相手が「(誰かが) 捕まった話」や「不倫がバレた話」などを口にしはじめたとき

のあいづち。そうした話にはあまり深入りせず、「悪いことはできないものですね」のあと、「さて」や「話は変わりますが」と続けて、話題を変えてしまうのが得策。

□とても、人ごととは思えません

相手や他の人が災難にあった話に同情を示す言葉。「私にも小さな子供がいるので、とても人ごととは思えません」など。ただし、その際、「私にも、似たような経験がありましてね」と、自分の経験を話しはじめるのはNG。相手の話を奪わないのがマナー。

□お慰めの言葉もございません

これも前項同様、災難や不幸に見舞われた人に、同情を示す言葉。「なんと申しあげていいやら、お慰めの言葉もございません」など。

□大事に至らなくてよかったですね

病気やケガをしたものの、比較的軽くすんだ相手にかける言葉。たとえば、車とぶつかったものの、かすり傷ですんだ人などに対して。

□私まで浮き浮きしてきます

「夢のある話」に対するあいづち。相手の話を大風呂敷だと感じても、こうあいづちを打っておくのが、大人の聞き方です。

□わがことのように、うれしく思います

相手の慶事に対する共感のセリフ。ただ、相手とよほど親しい関係でないと、ウソっぽくも聞こえるセリフ。

返事がしにくい話への大人のあいづち

□いろいろな見方があるものですね

たとえば、相手が「陰謀論」めいたことを話しはじめたとき、バカバカしいと思っても、「本当にそんな話、信じているんですか」などと応じると、人間関係が壊れ

かねません。見出し語のように、受け流しておくのが得策。

□そうかもしれないですね

これも、相手が答えにくいことを話しはじめたときのあいづち。うっかり「なるほど」などと応じると、同意したように聞こえかねません。また、「まさか、そんなことはないでしょう」と否定すると角が立つため、この見出し語で逃げておくといいでしょう。「ひょっとすると、そうかもしれませんね」など。

□私も、そのあたりのことは、よく存じあげなくて

組織の内情や人に関する悪い噂など、答えにくいことを質問されたときには、この言葉でかわすことができます。たとえば、AさんとBさんの仲が険悪になった理由を聞かれたときは、「そのあたりは、よく存じあげなくて」とかわせます。「さあ、どうでしょうか」という逃げ方もあります。

□なるほど、そういうのもありますね

相手が、政治や宗教などの微妙なテーマを話題にしはじめ、同意や賛成のあいづちを打ちにくいときには、このフレーズではぐらかすことができます。相手が他の誰かの悪口を言いはじめたときにも使えます。

□そうなんですか。私には、頑張ってるように見えますが

相手が他の人の悪口を言いはじめたとき、安易に同調すると、いつの間にか、自分が先に悪口を言ったことにもされかねません。そうならないため、見出し語のように受け流しておくのが賢明。

□ま、ぼちぼちといったところでしょうか

「景気はどうですか」と聞かれたときの定番的な答え方。たとえ、儲かっていても、「儲かっています」や「がっぽりです」とは、答えないのが日本の大人。調子がいいときは「ぼちぼちといったところでしょうか」、並の状態のときは「いやァ、全然です」と答えるもの。

3 人の「承認欲求」に言葉で応えるコツ

相手の承認欲求を満足させる言い換えは？

×スピーチしていただけませんか
○お言葉をいただけませんか

×は、相手への敬意を含まない言葉。「いただく」という謙譲語を含む○を使えば、相手への尊敬をしぜんに表せます。「お言葉をいただければ、光栄に存じます」など。

×お話、けっこう面白かったです
○お話、心に残りました

ほめるとき、「けっこう」はよけいな言葉。「まあまあの出来」という意味になってしまいます。また、「面白かった」というよりも、「心に残る」と言ったほうが、話し手をより喜ばせることができます。

△（○○さんに助けていただければ）百人力です
○千人力です

どちらも、大きな力を表す言葉ですが、相手の力の大きさを表す場合には、「百人力」より「千人力」のほうが、相手をより喜ばせられるでしょう。

×勉強になりました
○今のお話、ほかの人に話してもよろしいでしょうか？

「勉強になりました」は、よく使われる表現。相手の心には、さほど響かないでしょう。一方、○のように、ほかの誰かに話したくなるほど、すばらしい話だったと言えば、相手の印象により強く残るはず。

×いつも忙しそうですね
○いつも行動的ですね

×は、やっかみや皮肉にも聞こえる。○のように言えば、純粋なほめ言葉として受け止められる。

×あなたって○○ね
○あなたの○○なところがいいなと思う

たとえば、「あなたって、ぶっきらぼうね」と言うと、相手を非難する言葉になりますが、「あなたのぶっきらぼうなところがいいなと思う」と言えば、十分なほめ言葉になるとともに好意を表せ、場合によっては「愛の告白」に聞こえるかも。

大事なのは相手の〝ほめポイント〟を探すこと

×すてきなオフィスですね
○すてきなオフィスですね。憧れます

「憧れます」は、相手の自尊心をくすぐるキラーワード。「理想的なご家族ですね、憧れます」「すばらしい腕前ですね。憧れます」など様々な場面で使えます。

×可愛いですね
○さわやかですね

ルッキズム、ジェンダー、セクハラなどの関係から、相手の外見をほめるのが難しくなっています。現在、まだしも使いやすいフレーズが、「さわやかですね」。見かけだけでなく、相手の人柄も立ち居振る舞いも、このひと言でほめることができます。

×（ほめられたとき）とんでもないです
○（ほめられたとき）ありがとうございます！

人からほめられ、謙遜するとき、まずは「ありがとうございます！」と応じ、「ご指導のおかげです」や「これからも精進します」と続けると、相手の言葉を否定することなく、謙虚な姿勢を表せます。

4 ストックしておきたい心をくすぐるワンフレーズ

これを言われたら、誰もがうれしい

□もっと評価されて、しかるべきですよ

あまり目立たないが、いい仕事をしている人へのほめ言葉。「○○さんの仕事は、もっと評価されて、しかるべきですよ」のように声をかけると、「この人はわかってくれている」と相手の承認欲求を満たすことができます。

□釈迦に説法なんですが

相手がよく知るはずのことを説明するときの前置き。たとえば、専門家に対して、

説明の手順上、相手が知っていそうなことについて多少は話さなければならないとき、こう前置きすれば、釈迦にたとえることで、相手を持ち上げることができます。「そんなこと知ってるよ」と鼻白まれることもないでしょう。

□その節はたいへん勉強になりました

以前、一緒に仕事をした人や注意を受けた人と再会したときの挨拶代わりの言葉。「勉強になった」と言うことで、相手を立てることができます。

□○○さんの話を伺っていると、時間があっという間にたってしまいます

話が長い人を持ち上げる言葉。長話を切り上げて帰りたいときには、「あ、もうこんな時間ですか。○○さんとのお話は楽しいので、時間があっという間にたってしまいます。そろそろ、お暇《いとま》します」のように使えます。

□名人芸を拝見しました

相手の仕事ぶりを見たときのほめ言葉。たとえば、その人のプレゼンテーションや

営業トークを聞いたときなどに、こう声をかけて持ち上げることができます。

□さぞ、ご苦心なさったのでしょうね

相手が自分の努力ぶりや工夫について話した際に、相手の承認欲求を満たす言葉。

□（相手のお世辞を受けて）そうおっしゃる○○さんこそ

お世辞にはお世辞で返すのが、大人のマナー。相手からほめられたときは、まず「ありがとうございます」と受け止め、その後、「そうおっしゃる○○さんこそ、社長賞を受賞されたそうじゃないですか」などと、ほめ返すといいでしょう。

□はまり役だと思いますよ

「はまり役」は、相手がその仕事に向いていることを表す言葉。「はまり役だと思いますよ」と言えば、相手の能力や人柄がその仕事に合っていることを表せます。

□○○さんの代わりとは、一世一代の光栄です

「一世一代」という最上級の表現で、相手を持ち上げるフレーズ。また、相手にほめられたときには、「○○さんにほめていただけるとは、一世一代の光栄です」のように使えます。

□君なら安心して留守をまかせられますよ

留守を託すとき、相手のふだんの仕事ぶりを評価していることを伝え、相手の自尊心を満たす言い方。

□まるで、お手本のような

たとえば、説得力のあるプレゼンテーションを聞いたときには、「まるでお手本のようなプレゼンでしたね」のように、ほめることができます。

□○○さんって、人の痛みがわかる人ですね

「人の痛みがわかる」は、人の辛い思いや苦しみを理解できるという意味。いわゆ

る「人情家」をほめるのに、ぴったりの言葉です。

社交辞令で、さりげなく相手をくすぐる方法

□ご高名はかねがね伺っております

初対面の人を持ち上げるフレーズ。「高名」は、評判がいい方向に有名であること。「ご高名、かねて拝聞いたしております」など。

□○○さん直々に光栄です

目上の人から、直接何かをされたときの社交辞令。たとえば、目上から酒をつがれたときは、「恐れ入ります。○○さん直々に光栄です」と応じるもの。

□見習いたいと思います

相手の技量などに対して、「すばらしいと思います」と言うと、上から目線のニュアンスが含まれてしまいます。一方、「見習う」と言えば、謙遜しながら、相手を

立てることができます。「とても真似できません」という言い方もあります。

□私どもでは、とてもこうはいきません

自分を引き合いに出すことで、相手を持ち上げる言葉。ただし、格上に対して、このフレーズを使うと、「当たり前だろ」と思われるのがオチなので、注意のほど。

□メモをとらせていただいてもいいですか

相手の話がひじょうに参考になることを伝えるフレーズ。たとえば、取引先のえらい人が、格言風の言葉を口にしたとき、このフレーズを繰り出せば、相手はまんざらでもない表情を浮かべるはず。

□社員の皆様はお幸せですね

経営者の手腕や人柄をほめる言葉。「社員の皆様はお幸せですね。こんなすばらしい社長のもとで働けて」のように。

□なかなかできないことですよ

相手の自慢話に対するほめ言葉。ただ、使える相手は、同輩以下限定。目上には失礼に聞こえます。

□お若いのに、まあ

若いのに、大きな仕事をしている人や高い役職についている人に対して、感嘆してみせるフレーズ。とりわけ、中高年の女性が、年若の人に対して、使うと似合う言葉。

□眺めがいいですね

相手のオフィスが高層ビルの上階にあるときは、こう声をかけたいもの。その場で商談をする際、まずはオフィスをほめると、和やかに話をはじめられます。

□○○さんって、本当に人が集まる方ですね

祝賀会やパーティに大勢の人が集まっているときに、当日の「主人公」を持ち上げ

るひと言。「盛会ですね」以上に、「主人公」に対するほめ効果が高くなります。「○○さんのお人柄ですね」や「○○さんの人徳だと思います」も、同様の場面で使えるフレーズ。

失礼なく相手をほめることができますか

□いいですね、活気があって

店舗などの盛況ぶりをほめるとき、「儲かってますね」は品のない言葉。「活気があって」と言えば、「儲かる」というあからさまな言葉を使うことなく、その繁盛ぶりを表せます。

□運も実力のうちですよ

相手の成功に対して、「運がよかったですね」のように言うと、やっかんでいるように聞こえます。一方、こちらのほめ言葉に対し、相手が「運がよかっただけです」と返してきたときには、「運も実力のうちですよ」のようにほめ返すことができます。

□〇〇さんならではのきめ細かさですね

相手の気配りをほめるとき、「なかなかそこまでは気が回りませんよね」のように言うと皮肉が混じるので、「〇〇さんならでは…」を使ってほめるのが得策。

□傑作ですね

「力作ですね」と言うと、「努力は認めるものの、内容は大したことがない」という意味にも聞こえます。当方はほめたつもりでも、相手はけなされたと受け止めることがあるので、ほめるつもりなら「傑作」を使うのが賢明。

□お話、聞き入ってしまいました

「参考になりました」と言うと、上から目線のニュアンスを含むうえ、「私の話は、参考程度か」と思われかねません。「聞き入る」を使うと、感服した気持ちを十分に表せます。

□お話を伺い、目からうろこが落ちました

「お話を伺い、なるほどと思いました」というと、やや上から目線に聞こえます。「目からうろこが落ちる」を使うと、相手の話をすばらしいと思う気持ちを存分に表せます。

□お話を伺い、心動かされました

「お話を伺い、興味を覚えました」のように感想を告げると、相手に「興味を覚えた程度か」と思われかねません。「面白い」と思ったときには、「心動かされる」くらいの〝誇張表現〟を使ったほうが、相手をより喜ばせることができます。

5　相手と状況にあわせて、一番ぴったりの言葉を選ぼう

大人の語彙力で、うまく接待する

□○○のおいしい店を見つけたものですから

「接待」という言葉を使わずに、相手を誘うフレーズ。「珍しいものを食べさせる店を見つけたものですから」や「いろいろな日本酒をそろえた店を見つけたものですから」のように、変化をつけて使うことができます。

□今、はじまったばかりですので

定刻に少し遅れて、やってきた人にかける言葉。たとえば、接待の席に遅れてきた

人には、「今、はじまったばかりですので。どうぞ、こちらへ」と上座への着席を促すとよいでしょう。

□お賑やかなことで

これは、定刻に遅れたほうがかける常套句。酒宴に遅参したときは、すでにできあがっている人たちに対して、こう声をかけるもの。

□末席を汚させていただきます

これは、酒席などに誘われたときに返す言葉。「お誘い、ありがとうございます。末席を汚させていただきます」のような言い方で、口頭でもメールでも使えます。

□本日は私のような者のために…

自分のために、歓送迎会などを開いてくれたときの感謝のフレーズ。「本日は、私のような者のために、かくも盛大な会をお開きいただき、ありがとうございます」などと使います。

□これは、おそれいります

酒席で、酒をつがれたときに、返すセリフ。また、お酌をされたときには、「ま、ま、おひとつ」と、こちらからも相手につぎ返すことを忘れずに。

□手酌でやりますので、お気遣いなさらないでください

相手が酒をつごうとするのを断るセリフ。自分のペースで飲みたいときには、このセリフで、相手の気遣いを断ることができます。

□話のタネに、一口いかがですか

お客に、珍しい食べ物をすすめるときに使えるセリフです。「これ、郷里の郷土食でしてね。お口に合うかどうかわかりませんが、話のタネに一口いかがですか」など。

□お話に花が咲いているところ、恐縮ですが

中締めや締めの挨拶の頃合いに、出席者に呼びかける言葉。「お話に花が咲いているところ、恐縮ですが、このあたりで○○様から、締めのご挨拶をいただきたいと思います」など。

□この次はご馳走になりますので

勘定をもつもたないの話になったときに使うセリフ。こちらが勘定をもとうとすると、相手は一応、遠慮する姿勢を見せるはず。そんなときは、「この次はご馳走になりますので。今日のところは私のほうで」と、このセリフの出番。

□今日は、こちらがお誘いしたのですから

これも、前項と同様の場面で使うセリフ。「今日はウチで」「いやいや、ウチでもちます」というやりとりのあと、「今日は、こちらがお誘いしたのですから」と言えば、相手は引き下がりやすくなります。また、「今日は、こちらの顔を立てさせてください」という言葉もあります。

相手を無理なく誘うことができるひと言

□軽く、いかがですか？

人を飲みに誘うときの定番フレーズ。多少親しくなった人をざっくばらんに誘うときにふさわしい言葉。

□○○さんがいないとはじまりませんので

相手を会合などに誘うときの定番の文句。こう言えば、乗り気でなかった人も、「それほどまでに言われるのなら、出席しようかな」と気が変わることもあるかも。

□以前から、ゆっくりお話したいと思っていました

面識はあったものの、これまでゆっくり話をする機会がなかった人に対するフレーズ。相手を誘うときには、このフレーズのあと、「来週あたり、いかがですか」と続けるといいでしょう。

□お招きしてもよろしいですか？

パーティなどに招くとき、このセリフで、まず相手の意向を問うと、丁重な印象を与えられます。とりわけ、取引先や目上に対して、このようにお伺いを立てると、出席の確率が高まるはず。

相手の誘いに自然に応じるひと言

□喜んで、お供させていただきます

目上からの誘いに応じる定番のセリフ。実際には、さほどうれしくなくとも、付き合う以上は、「喜んで」という気持ちを伝えるのがマナー。

□今から楽しみでございます

誘われた会合やイベントまで日にちがあるときに、うれしい気持ちを伝えるフレーズ。

□ご都合のよろしい場所でけっこうです

待ち合わせ場所を決める際、相手の都合を優先するフレーズ。目上に対して、こう言えば、相手を立てる姿勢を表せます。

感謝の気持ちは、こう表現できる

□うれしいお言葉をいただき、励みになりました

相手のほめ言葉や励ましに対するお礼のセリフ。また、「先日は励ましていただき、ありがとうございました」のように言うこともできます。

□おかげさまで、心が軽くなりました

相手の慰めの言葉に対する感謝のフレーズ。「温かいお言葉をおかけいただき、おかげさまで、心が軽くなりました」など。「心温まる言葉をありがとうございます」も、同様の場面で使えるセリフ。

□〇〇さんらしい、おしゃれな贈り物をありがとうございます

「〇〇さんらしい」と言うことで、お礼を述べながら、相手のセンスを持ち上げることができます。

□うまく言えませんが、本当にありがとうございます

相手の励ましの言葉などに対して、具体的な感謝の言葉が思い浮かばないときは、「うまく言えませんが」と言ってしのぐのも一法。

□貴重な機会をいただき、感謝いたします

相手と直接話をする機会や得難い経験のできる機会を与えられたときの感謝のセリフ。

□愚痴を聞いてくれてありがとう

相手に愚痴を聞いてもらったときは、「愚痴ばかりで申し訳ない」と謝るよりも、

「愚痴を聞いてくれてありがとう」と感謝の言葉を述べたほうが、相手は「役に立てたんだな」とうれしく思うはず。おおむね、「すみません」は「ありがとう」に言い換えたほうが、ポジティブに聞こえ、人間関係はよくなるもの。

□いつも、ありがとう

「ありがとう」は、普通の感謝の言葉。それに「いつも」を付け加えると、相手の日頃の気遣いに対してより深い感謝の念を表すことができます。

□心配してくれてありがとう

「手伝いはいりますか?」や「資料は必要ですか?」などと聞かれたとき、「必要ありません」と答えると、「余計なお世話」と言っているかのように冷たく響くもの。まずは、相手の気遣いに対して、見出し語のように感謝し、その後で「今は必要ありませんので」と告げるのが大人のもの言い。

6章

突破する語彙力

――ピンチを言葉で切り抜ける

仕事を円滑にすすめ、成果を上げるには、むろん言葉を操る力が必要です。とりわけ、ビジネスでは、ネガティブな言葉を口にしなければならない場面に頻繁に遭遇します。無理な案件を断り、出来の悪い仕事にダメを出し、交渉事では相手の弱点を突かなければなりません。それでも、人間関係を壊さないためには、言葉をどのように使えばいいのか？――本章では、そうした「言いにくいことを言う言葉の操り方」について紹介していきます。

1 依頼の作法を知っていますか

依頼を成功させる語彙力

□お顔の広さを見込んで

相手の豊富な人脈を持ち上げながら、人物紹介などを頼むフレーズ。「どなたか、適当な方はいらっしゃいませんでしょうか。○○さんのお顔の広さを見込んで、お願い申し上げる次第です」のように。

□勝手を言って、申し訳ありません

多少、無理筋なことを頼むときの言葉。「勝手」という言葉で、無理筋であること

を認識していることを示せます。「勝手を言って申し訳ありませんが、本日家庭の事情で、半休をいただければと思います」など。「まことに勝手なお願いで」や「ぶしつけなお願いで恐縮ですが」も同様に使えるフレーズ。

□伏してお願い申し上げます

強く懇願し、頼み込むときに使う強い表現。「ご理解のほど、伏してお願い申し上げます」のように用います。

□どうぞ、私以上にお引き立てください

取引先に後任者を紹介するときに使うフレーズ。「後任の○○でございます。どうぞ私以上にお引き立てください」のように使います。

□薄謝でたいへん申し訳ないのですが

わずかな謝礼で、講演などを頼むときのセリフ。一方、このフレーズは、それなりの金額を渡すときにも使え、その場合の「薄謝」は、謙譲の気持ちを表す言葉にな

ります。

断られたときこそ、大事な局面

□無理を承知でお願いしたことですので、気になさらないでください

これは、依頼を断られたときに使うフレーズ。「わかりました。もう頼みません」などと言うと、相手との縁が切れてしまうので、「気になさらないでください」と告げることで、断った側の心理的な負担を軽くすることが必要。

□わかりました。無理を言いまして、申し訳ございません

これも、依頼を断られたときに使うセリフ。「こちらの頼みが無理筋だった」と頭を下げておけば、今回は無理でも、次回はＯＫとなるかもしれません。

頼まれたときは、こんなひと言で受け止める

□私でお役に立てることでしたら

頼みごとを引き受けるときの定番フレーズ。とくに、年長者が仲介や仲裁を引き受けるときに似合うセリフ。「こんな年寄りでよろしければ、お引き受けいたしますよ」のように用います。

□他ならぬ〇〇さんからのお話ですから

相手の顔を立てながら、依頼を引き受けるフレーズ。他の人が頼んできても、イエスというわけではないが、「〇〇さんだからこそ、引き受ける」と、相手の承認欲求を満たしながら、引き受けることができます。

□忙しいのはお互いさまですから

「お忙しいところ、申し訳ありません」と頭を下げられたときに返す言葉。たとえば、「お忙しいところ、申し訳ありませんが、ご足労願えますか」と頼まれたときには、このセリフで応じることができます。

2　いいダメ出しは、相手を嫌な気持ちにさせません

これなら人間関係を壊さず、上手なダメ出しができる

□ご努力はわかりますが

ＮＧを出すときの前置き。いきなりダメを出すと、言葉がきつくなるので、それを和らげるための言葉。「尽力されたことはわかりますが」「ご苦労のほどは理解いたしますが」も、同様の場面で使えます。

□少々ご検討いただきたい点がございまして……

取引先に対して、改善点を指摘するときに使うフレーズ。いきなり、「ここを変え

てください」や「これは呑めません」と言うと角が立つので、このフレーズをクッションにします。

□まだ考える余地があると思うのですが

相手の意見や企画に対して、「賛成はできない」ことを伝えるセリフ。「ちょっと気になるところがあるのですが」「もう少し、ブラッシュアップできそうですね」も、同様の場面で使えるフレーズ。

□ちょっと変更させていただけると助かります

仕事の仕上がりや相手の企画に変更を加えたいときに使うフレーズ。それが大きな変更でも、「ちょっと」と言うと、受け入れられやすくなります。

□次回からは、こうしていただいたほうがいいですね

「次回からは」という言い方で、次も取引する意思を告げながら、変更を求める言い方。ミスをした取引相手などに対してこう言えば、相手に「次は気をつけよう」

と思わせ、仕事のクオリティを上げられるかも。

□社内のコンセンサスを得られそうにありません

「社内合意」がとれないことを理由にダメを出す表現。「稟議を通りそうにありません」や「上の理解を得られそうにありません」も、同様に「社内事情」を理由にして、ダメを出す表現。

スマートに間違いを指摘する方法

□私の思い違いかもしれませんが

目上や取引先の間違いを指摘するときの前置き。いきなり、「それ、違いますよ」とストレートに指摘すると、目上らのプライドを傷つけかねないので、「自分の間違いかもしれない」と前置きすることで、「衝撃」を弱めるフレーズです。

□念のためにお伺いしますが、たしか○○ではないでしょうか?

相手が、前とは違うことを言いはじめたときに、事実関係を確認するフレーズ。相手が勘違いではなく、ごまかそうとしているときにも使えます。

□私の手元の記録では○○となっておりますが

これも、相手が、前の説明や約束と違うことを言いはじめたときに使うフレーズ。相手がうろ覚えで不確かなことを口にしだしたときにも使えます。

□お約束と違うようですが

相手が、前の約束と違うことを言いはじめたときに切り返すフレーズ。たとえば、価格や納期をめぐるやりとりで使えます。

□少し誤解があるようですが

相手が誤解していることを告げるフレーズ。語尾に「が」をつけることで、非難のトーンを多少は弱められます。

クレームのときこそ、語彙力は必須スキル

□大変困惑いたしております

相手のミス、怠慢などによって、被害を受けたことに抗議するセリフ。「迷惑しています」と言うよりも、相手の責任であることをオブラートに包みながら表すことができます。「どうしたものかと苦慮している次第です」も同様に使えます。

□どうして、このようなことになったのか、不思議です

トラブルが発生したときに、相手に婉曲に抗議するとともに、原因について言及する表現。

□ご善処願いたく存じます

「善処」を求めるときの定番フレーズ。たとえば、「事態をご確認いただき、ご善処願いたく存じます」と言えば、「よく調べ、すぐに対応してくれ」という意味。

□判然としない点もございます

相手の説明などが要領を得ないことを指摘するフレーズ。「…な点もございます」という言い方で、全否定を避けながら、抗議の意を伝える表現。「わかりかねる点もございます」も同様に使えるセリフ。

事を荒立てないように抗議するコツ

□納得のいくご説明をしていただけませんか

たとえば、契約締結寸前、相手が条件の大幅変更を求めてきたり、締め切り直前に「納期が大きく遅れる」などと言いはじめたときは、「今さら、どういうことですか」のように声を荒らげたくなるもの。しかし、それではケンカになりかねないので、「納得のいくご説明をしていただけませんか」のような冷静な言葉を選びたいもの。

□今のお言葉はさすがに

暴言を吐かれたとき、「言っていいことと悪いことがありますよ」などと返すのは、大人げない態度。それが暴言であることをソフトに指摘し、撤回させたいもの。まずは、「今のお言葉はさすがに」とはじめ、「○○さんのお言葉とは思えませんが」と穏やかに続ければ、相手も「言い過ぎました。撤回します」と応じやすくなるもの。

□ご真意を測りかねます

相手の失礼な発言に対しても、「それ、本気で言ってるんですか」のように言うと、相手もムキになりかねません。「ご真意を測りかねます」と、相手の無礼さや愚かさをやんわり指摘したいもの。

□今のは、さすがに笑えないなあ

気の置けない友人の暴言に対して、「友だちだからといって、何を言ってもいいわけじゃないんだよ」と返すと、口論になりかねません。「今のは、さすがに笑えないよ」とやんわり返せば、相手も「ごめん、言い過ぎた」と頭を下げやすくなるもの。

□言い方が曖昧だったようで、申し訳ありません

相手が「そんな話、聞いてない」と言いはじめたとき、「ちゃんと言いましたよ！」と言い返すと、不毛な水掛け論になってしまいます。「言い方が曖昧だったようで、申し訳ありません」と言えば、自分が伝えたことを婉曲に主張できます。

□然《しか》るべき対応をとりますよ

「出るところへ出ますよ」という言い方もありますが、これは、警察沙汰・裁判沙汰にするという意味。同じ意味でも、多少は冷静に聞こえる「然るべき対応をとりますよ」を選びたいもの。

3　申し訳ない気持ちを言葉にするちょっとしたコツ

相手の心にきちんと届く謝り方

□貴重なご意見ありがとうございます

実情に疎い相手からの見当違いな指摘に対して、「そう言われましても」のように、正面から受け止める必要はありません。相手は「指摘した」ことで、それなりに満足するはずですから、「貴重なご意見ありがとうございます。今後の参考にさせていただきます」と頭を下げておけばＯＫ。

□考えが足りず

自分の失言に関して、「言葉足らずで」のように言うと、「中身は間違っていないが、表現がまずかった」というニュアンスが生じてしまいます。内容を含めて撤回するときには、「考えが足りず」を使って、「考えが足りず、不用意な発言をしてしまい、申し訳ありません」のように言うところ。

□昨日は酔いすぎまして

「昨日は、酒の席のこととはいえ…」と謝る人がいるが、これはNG。「酒の席のこと」は、自分の失敗に関して使う言葉ではなく、「酒の席のことですから、気にしないでください」のように、迷惑をかけられたほうが相手を許すときに使う言葉。自分の失敗を謝る場合には、「昨日は酔いすぎまして、申し訳ありません」のように詫びるもの。

□お話を伺って、さっそく飛んでまいりました

取引先からのクレームに対して、謝罪に出向いた際、まず述べるひと言。すぐに駆けつけたことを伝え、その後、お詫びの言葉を述べるとよいでしょう。

□お叱りを覚悟で、お話ししなければならないことがございます

取引先などに、マイナス情報を伝えるときに使う前置き。たとえば、前に約束した納期を守れなくなったときなどに用います。

□○○さんの寛大なお心におすがりするしかありません

これも、平身低頭しながら使うセリフ。大きなミスをおかし、並の謝り方では許してもらえそうもないときに繰り出すフレーズ。

□チェック体制を強化してまいる所存です

不祥事やミスを詫びたあと、今後の決意を述べる定番フレーズ。「今後はこういうことのなきよう、チェック体制を強化してまいる所存です」など。

□事情を存じあげずにおりまして、失礼いたしました

事情を知らず、とんちんかんなことを言ったり、相手に不快な思いをさせたときに使うフレーズ。事情に気づいた時点で、「知らなかった」ことを告げ、不快な思いをさせたことを詫びるときに使います。

□勢いで出た言葉でした

失言を謝る言葉。「勢いで出た言葉でした。本心ではありません。撤回いたします」などと使います。

□お伝えするタイミングを逃していました

報告が遅れたことを詫びる言葉。「お伝えするタイミングを逃していました。申し訳ありません」など。

□ご忠告を無駄にしないようにします

目上から、忠告やアドバイスを受けたとき、最後に使うセリフ。相手は、自分の忠告が役立ちそうなことに満足するはず。

部下・目上に対しては、こんな謝り方もある

□管理不行き届きで、何とお詫びを申し上げたらよいかわかりません

部下が迷惑をかけたときの謝りのフレーズ。あれこれ言い訳せず、自分の「管理不行き届き」に関して、まず詫びておくのが得策。

□当人には厳重に注意します

これも、部下の不始末を謝るときの定番フレーズ。「当人には厳重に注意いたしました。当人も深く反省しておりますので、なにとぞご容赦のほど…」などと使います。

□当人には○日間の謹慎を命じました

「謹慎」を命じるほど、今回の不始末を重く受け止めていることを表すフレーズ。

□お聞き苦しい言葉を口にいたしました

目上に対して、乱暴な言葉、下品な言葉、感情的な言葉を口にしたときに謝るフレーズ。

□逆らうような言い方になってしまい、申し訳ありません

目上に対して、反抗的な言葉づかいをしたことを謝るフレーズ。

□もっと早くご相談すべきだったのですが

自力で対処するつもりだったが、うまく行かず、上司などに相談せざるをえなくなったときの前置き。「もっと早く、ご相談すべきだったのですが、申し訳ございません」など。

4　カドを立てずに断るためのひと言とは？

この言い換えなら、スマートに断れる

×すみません、忙しくて
○すみません、仕事が終わらなくて

誘いを断るとき、「忙しさ」を理由に断ると、相手を暇人扱いしているようにも聞こえかねません。一方、「すみません、仕事が終わらなくて」のように言うと、「自分の仕事が遅くて、終わらない」ことが理由になり、相手を暇人扱いするニュアンスは消えます。

×規則なので
○事務的な言い方で恐縮ですが、規則でして

×は、いかにも事務的で冷淡な言葉。○のように、「事務的な言い方で恐縮ですが」と前置きしてから、「規則上、無理」であることを告げたいもの。

×できることと、できないことがあって
○不甲斐ないこと、お恥ずかしい限りです

断る際、×のように言うと、相手をムッとさせることでしょう。○のように、当方の「能力不足」を理由にすれば、相手の面子をつぶさずに断れます。

×タイミングを考えてください
○今は時期ではないかと

「時期」を理由にして断るとき、×のように言っては、身もふたもありません。○や「時期が時期だけに難しいと思いますよ」と言うのが大人の断り方。

ぶっきらぼうに断らないのがポイントです

×遠慮するよ

○（声をかけてもらったのは）うれしいけれど、今回は遠慮するよ

×は、婉曲な断り方ではあるものの、ぶっきらぼうにも響く言葉。○のように「うれしい」と「今回は」という二つの言葉を足すと、角が立ちません。

×急かされても、できないものはできません

○今しばらく、ご猶予をいただけないでしょうか？

締め切りを急に前倒しされるなど、無理なことを言われたときでも、×のように応じると、関係がこじれかねません。依頼の形をとれば、角を立てずに断れるはず。

×無理ですね

○上がなんと言いますか

○の言い方なら「呑めない話」であることを婉曲に伝えられます。そして、「ご返事は、上司と相談したうえで」と、相手の条件を検討するというポーズを示すのが大人の態度。

△手一杯で
○万全の状態でお引き受けしたいのですが、今は手一杯で

「手一杯で」は、よくある断り方。○のように使えば、「いい仕事ができないかもしれないので、お断りする」という良心的な理由から断るという姿勢を表せます。

×無茶なこと、言わないでくれますか
○なるほど、そちらの事情はよくわかりました

相手が、とても呑めない条件を出してきたときでも、まずは○のように受け止めてから、「ただ、こちらの立場もご理解ください」と続けるのが得策。

5 その後の人間関係を考えて、上手に断るには？

角を立てずに上手に断る

□今回は見送らせていただきます

商談などを断る基本フレーズ。「見送る」という遠まわしな表現を用いることで、やんわり断ることができます。また、「今回は」と限定することで、次回への可能性を残すことができる表現。

□せっかく頼っていただいたのに、申し訳ありません

こう言えば、こちらの能力不足を断る理由にでき、相手の顔をつぶすことにはなりません。とくに、借金の要請を断るときに、役立つ言葉。

□今後は、個人の立場で応援させていただきます

これは、要するに「組織や会社としての、公式の応援は無理」という意味。組織や会社に対する援助要請を婉曲に断るときに使えるフレーズ。

□まことに、おあいにくさまですが

依頼を断るときに、よく使われるフレーズ。たとえば、仕事を依頼されたものの、スケジュール的に難しい場合、「まことに、おあいにくさまですが、スケジュール的に難しく…」などと使います。

たずねる形で断ると印象は大きく変わる

□何か別の案はありませんか

相手からの提案に対して、「別の案はありませんか」と聞くと、今、提示されている案には興味がないことを暗に伝えられます。

□どうかご勘弁いただけませんでしょうか

困った依頼や筋違いな要求を断るフレーズ。「…いただけませんでしょうか」と頼む形にすることで、相手の反発を買うリスクを小さくできます。

□改めて、ゆっくり話しませんか

相手からの依頼や要望に対して、「その件は、改めてゆっくり話しませんか」と応じれば、話を先送りできます。相手も大人なら、「この話、脈がないな」と理解するはず。

付け届けを断るのに必要な技術とは？

□お気持ちはうれしいのですが

相手からの贈答品を断るときの常套句。「お気持ちはうれしいのですが、ご遠慮いたします」など。会合などへの誘いを断るときにも使えます。

□…する理由がありませんので

たとえば、「いただく理由がありませんので」は、贈答品を断るときの常套句。その一方、この形は「お断りする理由がありませんので」とすれば、相手の申し出に同意するときにも使えます。

□そのようなことは、いっさいお断りさせていただいております

贈答品のほか、筋違いな依頼を断るときにも使えるフレーズ。「考えてはみますが」などと言うと、相手に期待を持たせ、厄介な話になりそうなとき、このフレーズではっきり断ることができます。

□会社の方針で受け取れないことになっております

仕事の関係先からの贈答品を断るフレーズ。会社が禁じているので受け取れないということにすれば、相手の面子をつぶすことなく断れます。

6　丁寧な言い方をするだけじゃ、結果は出せない

ダメ出しされたときの口の利き方

×じゃあ、どうすればいいんですか？
○では、いかがすればいいのでしょうか？

上司からＮＧを出されたとき、反発するにしても、せめて○程度の敬語表現は使いたいものです。「ほかに選択肢があるでしょうか？」という言い方もあります。

×どこをどう直せばいいですか？
○お考えを反映したいので、ご意見を伺えますか？

たとえば、企画書を書き直すように言われたとき、×のように応じると、口答えしているようにも聞こえます。一方、○のように言えば、相手を持ち上げながら、前向きな相談をしやすくなります。

×なぜ、できないんですか？
○何が障害になるのでしょう？

「なぜ」と理由を問う質問には、答えにくいもの。答えようとすると、言い訳がましくなったり、他者の責任を指摘することになりやすいためです。一方、○のように「何が」と問うと、まだしも答えやすいので、議論を前向きに進めやすくなります。

目上にムッとされないための言い換えのマナー

×そんなに一度に言われてもできません
○優先順位はどうしましょうか？

上司から次から次へと仕事を命じられても、×のように応じるのはNG。上司との関係がこじれかねません。キャパシティを超えそうなときは、◯のようにたずね、相手に優先順位をつけさせるのが得策。「仕事を押しつけすぎたかな」と思い直させることができるかもしれません。

×言われなくてもわかっています
◯すでに把握しています

上司から問題点を指摘されたとき、×のように答えるのは禁物。「わかってるのなら、やれよ」とキレられかねません。一方、◯を使って、「その問題なら、すでに把握しています。すぐ、対応します」のように応じれば、上司もそれ以上、口をはさみにくくなります。

×そんなことは知ってますよ
◯私も耳にしたことがあります

上司の話がいくら陳腐でも、×のようにシャットアウトするのは禁物。「その話は、私も耳にしています」や「私も聞いています」と言えば、それが周知の事実であることを婉曲に伝えられます。

×ほめられて、伸びるタイプなので
○いつもほめていただけるので、やる気が出ます

最近は、平気で×のように言う若手社員もいるようですが、むろん大半の上司は「何、言ってるんだ」という気持ちで聞いています。過去にほめてくれたことがある上司に対しては、○のように言うのがコツ。「そうか、こいつは、ほめれば、やる気が出るのか」と思わせれば、今後、小言よりもほめ言葉が多くなるかも。

×先日、お貸しした資料を返してはいただけないでしょうか
○先日、お貸しした資料を見せてはいただけないでしょうか

「返してほしい」と言うと、相手をとがめるニュアンスを含むことになりがち。一方、○のように言えば、そういうニュアンスを消しながら、暗に「そろそろ、返してほしい」ことを伝えられます。こう言えば、たいていの人は、借りっぱなしだったことに気づき、返してくれるもの。

×こうすべきだと思います

○こうする方法もあるかと思いますが、いかがでしょうか？

上司に提案する際、×のように言うと、上司の面子をつぶしかねません。一方、○のように言うと、最終的には上司に判断をゆだねる形なので、ＯＫを得やすくなります。

×ひとつ言わせてもらっていいですか

○ひとつ、提案があります

×は、目上に対しては、さすがに失礼なもの言い。提案があるときは、せめて○のように言いたいもの。

目上に意見するときのモノの言い方

×…は間違っています

○…について確認したい点があるのですが

上司の指示や意見が明らかに間違っている場合でも、それをあからさまに指摘すると、話がこじれかねません。そんなときには、「疑問形」でたずねるのが得策。上司に「確認」するなか、しぜんと間違いに気づかせることができます。

×ここは、おかしいですね

○この点がおかしいと人に言われたのですが、どのように説明したらよいでしょうか？

第三者の意見という形で、上司に間違いに気づかせる言い方。こう言えば、上司は部下から注意されたとは感じません。プライドを傷つけることなく、冷静に見直させることができます。

×自制してください
○ここはひとつ、ご自制ください

「ここはひとつ」は、とくに意味のない言葉ですが、相手に自制や我慢を求めるときの定番の前置き。「ここはひとつ、私の顔に免じて、お許しください」など。

×動かない方がいいですよ
○ここは、じっと我慢だと思います

上司らに対して「我慢」を求めるひと言。「動く」と、マイナスが生じそうな局面で使う言葉。

×やめておきましょう
○結論は急がないほうがいいと思います

計画などにGOを出すには、リスクが多い状況で使うセリフ。「もう少し様子を見ましょう」も同様に使うことができます。ともに「見送りましょう」と同じ意味であることが多いフレーズ。

ワンフレーズで、相手の気分をギアチェンジする

×では、提案者の〇〇さん、よろしく
〇どう役割分担しましょうか？

近年、注目されている「心理的安全性」という言葉があります。ひと言で言えば、誰もが安心して自由に発言できるような環境作りの重要性を表す言葉です。〇は、その心理的安全性を確保するうえで、重要なフレーズ。部下の提案に対して、「では、提案者の〇〇さん、よろしく」と、業務と責任をすべて押しつけると、誰も提案など、しなくなってしまいます。実施にあたっては、メンバーに仕事を割り振り、提案者に過度の負担がかからないようにすることが、心理的安全性の確保につながります。

×それで、いいんじゃない
○それは、いいんじゃない

助詞が違うだけで、意味が大きく変わる典型例。×のフレーズの意味するところを点数で言うと、60点か70点の及第点という感じですが、○のように言うと、90点以上というイメージになります。同じくOKを出すのなら、○を使ったほうが部下を元気づけられるはず。

×なぜ報告しないんだ
○教えてくれないと、フォローできないでしょ

×は、典型的な「答えようのない質問」。答えたところで、言い訳にしかならないので、部下は口ごもるしかありません。一方、○のように言えば、報告することが「部下にとっても得になる」と誘導できます。部下も、報告することが自分のメリットになるとわかれば、報告を怠らなくなるはず。

×やっぱりダメだったか

○頑張ったのに、残念だったね

部下が失敗した話を報告してきたとき、「やっぱり……」は、言わずもがなの言葉。「最初から期待されていなかったんだ」と部下を失望させてしまいます。○のように慰め、「次、次！」とポジティブに声をかければ、前向きな気分にさせることができます。

編者紹介

ことば探究舎　（ことばたんきゅうしゃ）
「話す」「読む」「書く」「聞く」に関わる実践的な情報を発信するために結成されたライター・編集者グループ。快適な人間関係、仕事のスキル向上、教養力アップを目指すすべての社会人が、最短の時間で最大の成果を上げることを目的に活動している。著書に『しみる・エモい・懐かしい大人ことば辞典』がある。本書では、キャッチコピー、セールストークから、日常のちょっとしたやりとりまで、なぜかうまくいく人がやっているひとつ上の言葉の使い方を紹介した。チャンスを無駄にしないためのビジネス語彙力の教科書。

仕事《しごと》の語彙《ごい》力《りょく》
たった500語《ご》で、人《ひと》とお金《かね》が集《あつ》まってくる

2024年2月29日　第1刷

編　　者　ことば探究舎《たんきゅうしゃ》

発 行 者　小澤源太郎

責任編集　株式会社 プライム涌光
電話　編集部　03(3203)2850

発 行 所　株式会社 青春出版社
東京都新宿区若松町12番1号 〒162-0056
振替番号　00190-7-98602
電話　営業部　03(3207)1916

印　刷　中央精版印刷　　製　本　フォーネット社

万一、落丁、乱丁がありました節は、お取りかえします。
ISBN978-4-413-23346-0 C0030